Bibliografische Information der Deutschen Nationalbibliothek:

Die Deutsche Bibliothek verzeichnet diese Publikation in der Deutschen National-bibliografie; detaillierte bibliografische Daten sind im Internet über http://dnb.d-nb.de/ abrufbar.

Impressum:

Copyright © 2018 GRIN Verlag
Druck und Bindung: Books on Demand GmbH, Norderstedt Germany
ISBN: 9783668804135

Dieses Buch bei GRIN:

https://www.grin.com/document/441882

Siegfried Wüst

Konfliktmanagement für Führungskräfte.

GRIN Verlag

GRIN - Your knowledge has value

Der GRIN Verlag publiziert seit 1998 wissenschaftliche Arbeiten von Studenten, Hochschullehrern und anderen Akademikern als eBook und gedrucktes Buch. Die Verlagswebsite www.grin.com ist die ideale Plattform zur Veröffentlichung von Hausarbeiten, Abschlussarbeiten, wissenschaftlichen Aufsätzen, Dissertationen und Fachbüchern.

Besuchen Sie uns im Internet:

http://www.grin.com/

http://www.facebook.com/grincom

http://www.twitter.com/grin_com

Siegfried Wüst – **Thema: KONFLIKTMANAGEMENT für Führungskräfte -**
Konflikte gilt es zu lösen, sonst wird es problematisch und oft auch teuer.

Ein Grundproblem aller Konflikte ist in der Regel mangelnde oder ungute Kommunikation.

Kommunikation findet immer auf 2 Ebenen statt: Einer **Sachebene** (1/7) und einer **Beziehungsebene (6/7)**. Hier liegen die Ansätze für Konflikte. **Konflikte** haben fast immer eine Tendenz zur Steigerung ihres zumeist destruktiven Energiepotenzials. Oft sind wir sogar Gefangene des eigenen Verhaltensmusters.

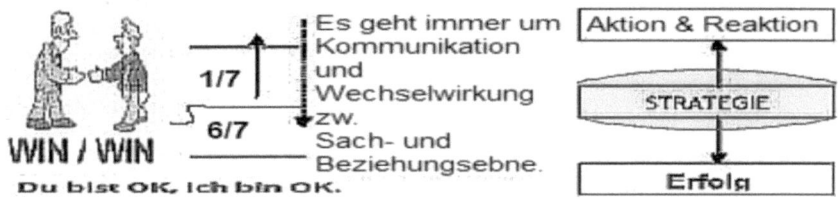

Quelle: S. Wüst – Schulungen – Konfliktmanagement – Das sind wichtige Punkte - Respekt - Beziehungsebene

Zum Autor - Siegfried Wüst:

- nun im Ruhestand, fallweise Beratung, Coaching und Impulsvorträge.
- Zuletzt Gesellschafter-Geschäftsführer eines Elektro-Unternehmens,
- dann Mitgeschäftführer Vertrieb und kaufmännische Verwaltung,
- zum Bereichsleiter Technik und Verkauf,
- über Vertriebsleiter und Leiter der Verkaufsförderung,
- begonnen im Produktbereich, nach einem Technik Studium.

Fortbildungen, als Ergänzung:

Psychologie in der Praxis, Gruppendynamik, Teamarbeit, Rhetorik, Führungstraining mit Führungstechnik Stufen 1 bis 4 (ITT), Verkaufspsychologie (Grünberger Lehrgänge / Dr. Vollrath) und BWL, runden das praktische Wissen ab.

Besondere Stärken: Berufs- und Lebenserfahrung.

Praxis für die Praxis - Weitblick - Zusammenhänge gut erkennen - Menschen achten - Lösungsorientiert sein.

Buchreihe für Führungskräfte: als e-Book oder gedruckt
Verlag : https://www.grin.com/user/1862381

- **Führung in einer veränderten Geschäftswelt**
- **Führungskräfte Toolbox Teil III. Wertschöpfung über Wertschätzung.**

Wo Menschen kommunizieren und agieren entstehen auch Konflikte.

Menschen erkennen oft nicht, dass ihre Gedanken und Urteile nicht identisch zur Realität sein müssen.

Wichtig für den Erfolg einer Organisation/Firma ist gutes Zusammenspiel aller Funktionen; somit Respekt, Vertrauen und Freude an der Zusammenarbeit.

Mit wem wir uns im Beruf am häufigsten streiten:

- **Kollegen** – hier gibt es unterschiedliche Anlässe : Arbeit / Verständnis / Art des Umganges.
- **Chef** – hier ist ein Streit immer problematisch; daher ist sachliche, respektvolle Art wichtig.
- **Kunden** – dies ist der problematischste Fall – Ohne Kunden kein Geschäft !
- **Zulieferern** – Respekt und Vertrauen; sowie eine WIN/WIN Situation erhalten, sind gefragt.
- **Behörden**… / Verwaltungen…- Hier sind Verordnungen und Regeln die Basis
- **Bank** – Dies ist ein sehr gefährliches Feld; Vertrauen und Respekt müssen erhalten sein.

Konflikte lösen - sonst wird es i.d.R. teuer.

Die Leistung der Mitarbeiter kann bis zu 50% (!) sinken, wenn Sie Konflikte sich selbst überlassen?

Wichtig für den Erfolg einer Organisation / Firma ist gutes **Zusammenspiel** aller Funktionen; somit Respekt, Vertrauen und Freude an der Zusammenarbeit.

Menschen erkennen oft nicht, dass ihre **Gedanken** und Urteile nicht identisch zur **Realität** sein müssen.

Quelle: S. Wüst – Schulungen – Konfliktmanagement – Fragen, die sich Führungskräfte oft stellen.

Siegfried Wüst – **Thema: KONFLIKTMANAGEMENT für Führungskräfte -**
Konflikte gilt es zu lösen, sonst wird es problematisch und oft auch teuer.

Fragen, die mir oft von Führungskräften gestellt wurden:

Es gilt ständig „**Beziehungen**" mit Kunden und Mitarbeitern zu optimieren und zu erhalten? Folglich ist der **Umgang** im Geschäftsleben ganz wesentlich.

Eine "Wirtschaftsprofilerin" sagt: "Blender verursachen mehr als 50% der Schäden in der Weltwirtschaft ..."
Quelle: https://www.youtube.com/watch?v=oOf3zCrf0wQ

Über die fundamentalen **Regeln des Erfolgs** (Alpha Doku.)
Quelle: https://www.youtube.com/watch?v=247r7A07NgE

Respektvoller/vertrauensvoller Führung folgt hohe Leistungsbereitschaft. Probleme mit einem Augenzwinkern.
Quelle: http://www.wuest-weiterbildung.com/download.php?f=4de348aeca443f2650de81fd1e8d98b1&target=0

Erwin Pelzig & Urban Priol: „Nur wer die Hosen voll hat sucht den frischen Wind."
Quelle: https://www.youtube.com/watch?v=u2p5IPww5jc

Mitarbeiterführung – heute?
Quelle:
https://www.youtube.com/watch?v=JUN6eXtZcjg

8 Regeln für den totalen Stillstand in Unternehmen.
Quelle:
https://www.youtube.com/watch?v=Ug83sF_3_Ec

Dies sind keine Lösungen

"Wie gelingt es mir, mich **abzugrenzen**, ohne andere vor den Kopf zu stoßen?"
"Wie **überwinde** ich Widerstände und Blockaden, um meine Ziele zu erreichen?"
"Wie nutze ich meine verfügbare **Zeit** sinnvoll und effizient ?"
"Wie erhalte ich **Spaß an der Arbeit** und bin auch besser?"
"Wie finde und definiere ich meine **Ziele** und erreiche sie auch?"
"Wie gewinne ich ausreichend **Zeit** für mich und meine Familie?"

"Ich werde öfters **missverstanden** – liegt das an mir?"
"Wie gestalte ich den **Verlauf einer Sitzung** effektiv?"
"Wie führe ich ein **Gespräch** kurz, nur mit den wesentlichen Inhalten?"
"Wie **gestalte** ich tragfähige Beziehungen zu meinen Mitarbeitern?"
"Wie kann ich in **Präsentationen** Begeisterung erzeugen?"
"Wie kann ich meine **Ziele** erreichen - **ohne verbrannte Erde** zu hinterlassen?"

"Ich denke, meine Leute nicken immer nur und **tun dann doch, was sie wollen**."
"Wieso muss ich mich **kümmern**, obwohl genau besprochen war, wie es laufen soll?"
"**Mitarbeitergespräche** bringen oft nicht viel. Wie kann ich die anders gestalten?"
"Wie kann ich Mitarbeiter **kontrollieren**, dass es als **Unterstützung** empfunden wird?"
"Wie löse ich unangenehme, oft **konfliktgeladene Situationen** auf, auch wenn es sogar schon mal „zum Konflikt" gekommen ist?"

Siegfried Wüst – **Thema: KONFLIKTMANAGEMENT für Führungskräfte -**
Konflikte gilt es zu lösen, sonst wird es problematisch und oft auch teuer.

Streiten sich die Menschen nicht oft in Wahrheit über die Meinungen, die sie von den Dingen oder anderen Menschen haben? Jedoch gilt:

Es gibt bei Konflikten i.d.R. immer

Verursacher

Betroffene

Helfer

Konflikte die ungelöst anstehen, werden mit der Zeit immer teurer.

Mobbing ist ein Straftatbestand, daher sollte es vermieden sein.

Chefs müssen in der Lage sein, konstruktive Kritik zu geben und so die Arbeit von Mitarbeitern zu verbessern, ohne respektlos zu wirken. Gleichzeitig müssen Führungskräfte **Kritik auch akzeptieren** können, sich selbst hinterfragen und daraus lernen, um in Zukunft besser zu werden.

Entstehende **Konflikte beeinträchtigen die Zusammenarbeit** und folglich das Betriebsklima. Am teuersten sind laut Umfrage (KPMG Konfliktkostenstudie / Basis einer Umfrage unter 4.000 Industrieunternehmen) gescheiterte und verschleppte Projekte: Jeder **2 te Befragte** gibt dafür ungeplant pro Jahr mindestens **50.000 Euro** aus; jeder zehnte über **500.000 Euro**. In **Betrieben** bzw. **Organisationen** gehen pro 1000 Beschftg. ca. 1500 Arbeitstage/J. durch Konflikte verloren.

Man soll einem Gegner keine übleren **Beweggründe** zutrauen, als man selber hat.

Siegfried Wüst – **Thema: KONFLIKTMANAGEMENT für Führungskräfte -**
Konflikte gilt es zu lösen, sonst wird es problematisch und oft auch teuer.

Ziel ist : Sie verstehen wieso etwas passiert und handeln erfolgreicher.

Vieles beruht auf Verständnis, Kommunikation und Respekt.
Wenn wir verstehen was wirklich passiert, ist auch das „WIESO" klarer.

Es geht immer mit der ART der KOMMUNIKATION los, denn darin liegt oft die Basis für evtl. MISSVERSTÄNDNISSE.

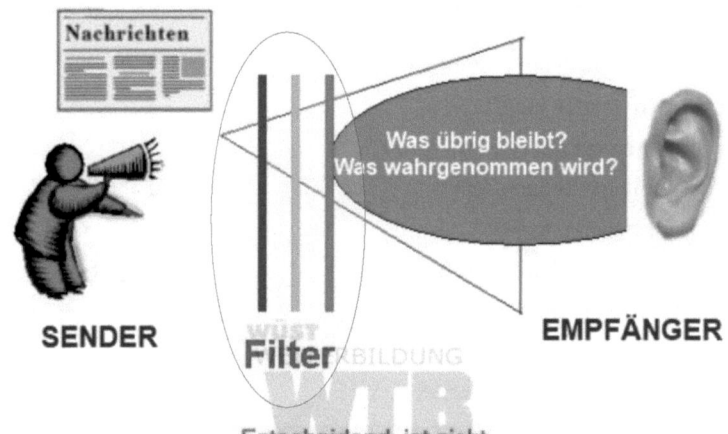

Entscheidend ist nicht
was der **SENDER** sendet, sondern was der **EMPFÄNGER** versteht

SENDER	Hier findet die	EMPFÄNGER
Was wird mitgeteilt?	**Entscheidung statt**	**Was kommt an?**
	F I L T E R sind:	
Informationen		
Vorstellungen	Erziehung	**Vorstellungen**
Wünsche	Leben selbst	**Wünsche**
Gedanken	Bildung	**Gedanken**
Erwartungen	Umgebung	**Erwartungen**

Quelle : S. Wüst - Schulung – Kommunikation – Sender – Empfänger und die Filter des Lebens

Wenn Sie das Bild ansehen, und sich Gedanken machen, könnte eigentlich schon VIELES klar sein, oder? Es geht eigentlich um Vorstellungen und Filter.

Siegfried Wüst – **Thema: KONFLIKTMANAGEMENT für Führungskräfte -**
Konflikte gilt es zu lösen, sonst wird es problematisch und oft auch teuer.

Ein schönes Beispiel aus dem alltäglichen Leben:

Eine befreundete Frau und ein Mann telefonieren und ...

Sie sagt: „Machen wir uns heute einen schönen Abend?"
Er antwortet: „ Ja, machen wir uns einen schönen Abend."

Beide denken über Ihre VORSTELLUNG von einem schönen Abend nach und kommen zu folgenden Entscheidungen:

Er zieht seine Jogginghose an, holt Bier und schaut ob ein Fußballspiel im Fernsehen kommt. Sie denkt an einen Theaterabend und zieht sich entsprechend an.

Nu kommt sie zum ihm und klingelt. An der Tür stehen sich beide gegenüber und schauen sich mit großen Augen an.

Was ist das Problem?
Man hat nicht zu ENDE geredet, was man GEMEINSAM machen kann und somit unter einem schönen gemeinsamen Abend versteht.

Menschen sind verschieden – besonders Frauen und Männer - dies hat unterschiedliche Ursachen – siehe Bild der Kommunikation unter FILTER - daher ist die richtige **Kommunikation** und sind die **Formulierungen** ganz wesentlich.

Unser Gehirn verarbeitet ein NEIN anders als ein JA. "Schau nicht in diese Kiste" oder „Rasen betreten verboten", ist für das Gehirn geradezu ein Aufruf. Ebenso : "Iss keine Süßigkeiten", "Rauche nicht" , Wenn also ein Vermeiden von Handlungen gewünscht wird, sollte diese Aussage **positiv ausgedrückt werden.** z.B. "Iss Gemüse" oder „Mach die Tür bitte leise zu". „**Bitte den Gehweg benutzen**" usw. Positive, aktive Formulierungen sind also erfolgreicher.

Lassen Sie sich von mir mitnehmen mit meiner Sichtweise und meine Anregungen, ohne zu viel Theorie, ohne zu viel Text, mit Beispielen und einprägsamen Hinweisen. Diese Büchlein kann/soll zu einem Helfer für Sie werden. Ich werde ab und zu auch mal die Art des Aufbaus und der Darstellung ändern, bleiben Sie bitte dabei. Es soll Ihrem Gedächtnis nützlich sein, so sagt die Erfahrung.

So fängt es doch oft an und dann folgt was kommen kann ...
Ein Argument/Aussage trifft auf eine ANDERE und dann ...

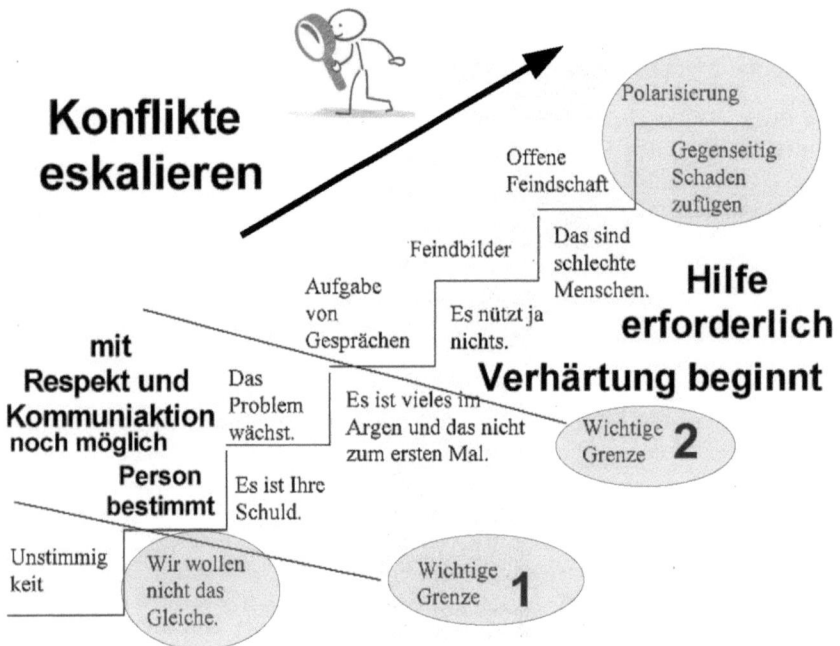

Quelle: S. Wüst - Schulung Konfliktmanagement – Konflikte eskalieren in Stufen – Grenzen sind zu beachten

Betrachten Sie doch bitte mal das Bild und vor allem die einzelnen Stufen. Es ist wichtig die **Grenzen zu erkennen** und sich zu gegebener Zeit Unterstützung zu holen. Die einzelnen Stufen verdeutlichen den **Weg der Eskalation** und zeigen die Möglichkeiten für Eingriffe.

Menschen haben:
- MEINUNGEN
- STANDPUNKTE
- GEFÜHLE und
- ÄNGSTE,

das ist so, bitte verdrängen Sie das nicht.

Siegfried Wüst – **Thema: KONFLIKTMANAGEMENT für Führungskräfte -**
Konflikte gilt es zu lösen, sonst wird es problematisch und oft auch teuer.

**Nun haben wir gesehen was passiert und wie es passieren kann.
Alles hat auch Konsequenzen:**

Überlegen Sie doch bitte mal – wie es ihnen in Ihrem Leben schon ging?
Was passierte und wie waren Sie zufrieden mit dem Ergebnis?
Was hätten Sie aus heutiger Sicht gerne anders gehabt und wieso?

Schreiben Sie auf dem Rest dieser Seite gerne mal NOTIZEN dazu auf:

Was war passiert ?	Was folgte danach ?

So ist der **übliche Weg in Büchern** oder Seminaren damit umzugehen.

- Konfliktarten darstellen.
- Formen des Konfliktverhaltens aufzeigen.
- Anatomie des Konfliktes ansehen.
- Strategische Vorarbeit aufzeigen.
- Analysen der Verhaltensweisen aufzeigen.
- Modelle zur Konfliktbearbeitung aufzeigen.

Siegfried Wüst – **Thema: KONFLIKTMANAGEMENT für Führungskräfte -**
Konflikte gilt es zu lösen, sonst wird es problematisch und oft auch teuer.

**Mein Weg geht über MENSCHEN, Sichtweisen, Gefühle und REALITÄTEN
und so habe ich es auch in den Workshops umgesetzt. Beispiele mit AHA-Effekt,
einfach und einprägsam (mit Filmbeiträgen).** Zu viel Theorie bringt nach meiner
Lebenserfahrung wenig. Erlauben Sie mir daher bitte, Sie auf meinem Weg an dieses
elementar wichtige Thema - im Leben und im Beruf - heranzuführen.

Quelle: S. Wüst - Schulung Konfliktmanagement

Mögliche Gründe für ungelöste Probleme - (Konfliktpotential)

		Zeitprobleme
Aufkommen	**Lösung ?**	Methodenprobleme
		Verständnis fehlt
eines bisher		Unklar / Nicht gut definiert
	Plan ?	Daten und Fakten ungenügend
unbekannten		Kein Plan vorbereitet oder verfügbar
		Standardisierung für die Zukunft fehlt noch
Problems	**Umsetzung ?**	Zukunfts-Bedeutung noch nicht erkannt
		Vermeidungsstrategie fehlt noch

Siegfried Wüst – **Thema: KONFLIKTMANAGEMENT für Führungskräfte -**
Konflikte gilt es zu lösen, sonst wird es problematisch und oft auch teuer.

Wann wird es eng ?

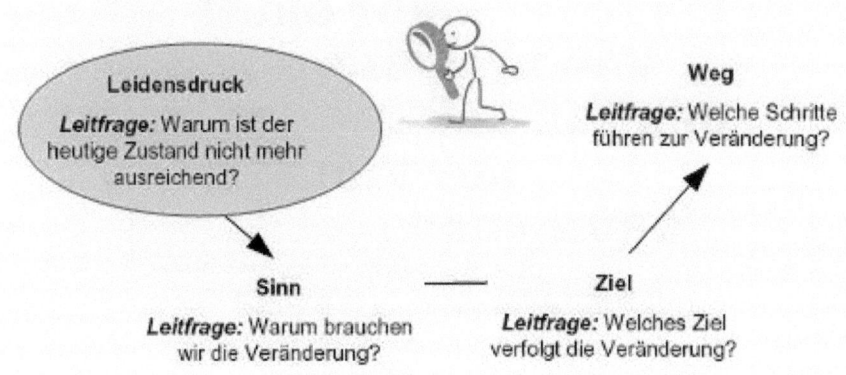

Quelle: Wüst - Schulung Konfliktmanagement

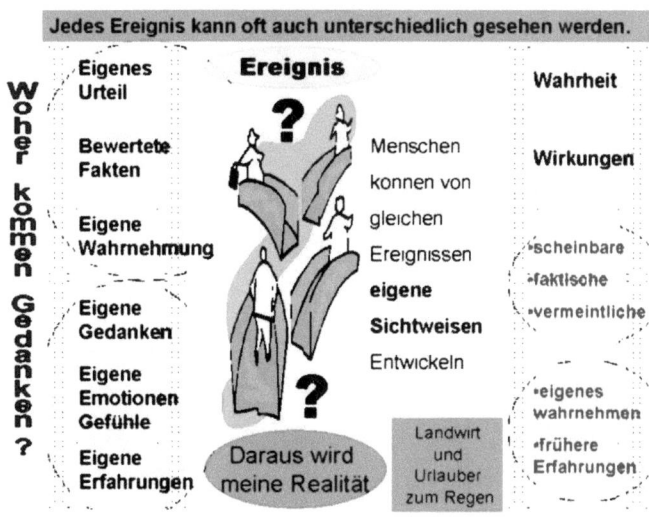

Quelle: S. Wüst - Schulung Konfliktmanagement

Siegfried Wüst – **Thema: KONFLIKTMANAGEMENT für Führungskräfte -**
Konflikte gilt es zu lösen, sonst wird es problematisch und oft auch teuer.

Quelle: S. Wüst - Schulung Konfliktmanagement

Das Beispiel zeigt, wir sind nicht so frei mit unserem DENKEN und REALISIEREN.

Gedanken sind immer UNSERE GEDANKEN – diese müssen nicht richtig sein.

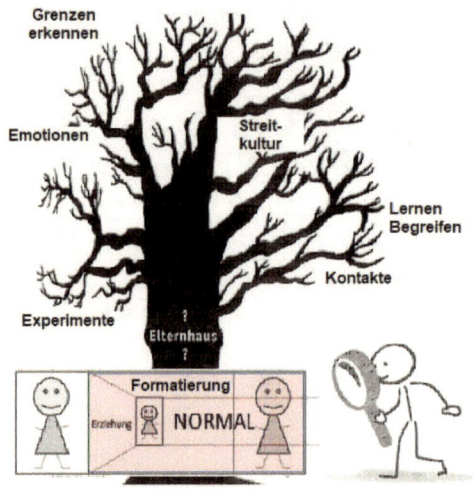

Quelle: S. Wüst - Schulung Konfliktmanagement

Filter / Einflüsse / Normierungen (siehe Seite 5)

Siegfried Wüst – **Thema: KONFLIKTMANAGEMENT für Führungskräfte -**
Konflikte gilt es zu lösen, sonst wird es problematisch und oft auch teuer.

Gedanken und noch schlimmer **ERWARTUNGEN** sind vielfältig. Wir werden
immer auch von äußeren Einflüssen geprägt und ggf. beeinflusst.

Da wir in der Regel ein angenehmes Leben anstreben, ist unser Streben oft auch von
üblichem, bzw. normierten Verhalten geprägt. Wer jedoch weiterkommen will, wird
mehr aus seinem Leben machen wollen? **Erziehung, Schule, Umgang sind im
Leben mit bestimmend.** Die Auswahl der ehrlichen, guten Freunde ist im Leben
sehr wichtig. Der obige Baum zeigt die vielfältigen Anforderungen im Leben.

Ein weiterer interessanter Schlüssel ist, wie sehe ich ein Problem?

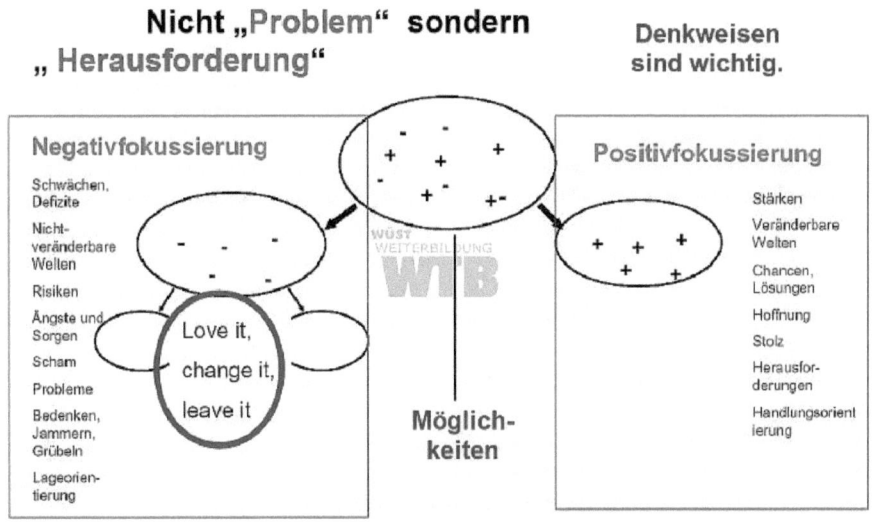

Quelle: S. Wüst - Schulung Konfliktmanagement

Siegfried Wüst – **Thema: KONFLIKTMANAGEMENT für Führungskräfte -**
Konflikte gilt es zu lösen, sonst wird es problematisch und oft auch teuer.

positive Leitgedanken ?

Gute Laune hilft
Zu guter Ausstrahlung
Zu pos. Einstellung
Und damit zu Freude bei Tun

Nun denken Sie sicher, wieder EINER der pos. denken als Empfehlung sieht?

Hemmnisse sind :

Gedanken
Einstellungen
Erwartungen
Also das Unterbewusstsein und das ist mächtig !!!!

Quelle: S. Wüst - Schulung Konfliktmanagement

Ich bin mir bewusst:

1. Nicht JEDER kann das.
2. Man braucht auch eine Einstellung dazu.
3. Man muss es üben.

Die Macht der Suggestion

- nichts einreden lassen
- Realität ist prüfbar
- Denken Sie sich keine schlimmen Dinge aus
- Bleiben Sie konzentriert und positiv
- Das Unterbewusstsein ist sehr mächtig
- Ihr Gehirn versucht Ihre Gedanken wahr werden zu lassen – und das wird dann zum Problem
- Was wir sehen sind nur ca. 15mm von insgesamt 11 km Unterbewusstem – W O H !

Quelle: S. Wüst - Schulung Konfliktmanagement

Ein spannendes Thema:

Unser **Unterbewusstsein** ist sehr mächtig. Es offenbart uns nur einen winzigen Teil seiner Möglichkeiten, und versucht sogar unsere Gedanken umzusetzen. Oft spielt uns daher unsere **ERINNERUNG** Streiche.

Prüfen Sie sich einmal selbst :

An Hand einer Liste (Tag) :
- Anzahl negativer Äußerungen
- Missgeschicke
- Widrige Umstände
- Fehler Anderer

Betrachten Sie diese Liste

- **War das so notwendig ?**
- **Hätte ich es auch anders machen können ?**
- **Oder anders empfinden können ?**

Quelle: S. Wüst - Schulung Konfliktmanagement

Stellen Sie sich gerne mal so eine Liste auf und sehen was so alles passiert.

Siegfried Wüst – **Thema: KONFLIKTMANAGEMENT für Führungskräfte -**
Konflikte gilt es zu lösen, sonst wird es problematisch und oft auch teuer.

Quelle: S. Wüst - Schulung Konfliktmanagement

Ändern Sie es , ab sofort ...

Positiv in den Tag gehen
Positive Formulierungen
Das ist eine Herausforderung und nicht schlecht
Probleme lösen nicht verschieben
Menschen freundlich begegnen auch wenn diese
eigentlich unfreundlich sind

Ändern Sie was Sie
nicht gut finden. Fangen
Sie aber auch sofort
damit an.

Quelle: S. Wüst - Schulung Konfliktmanagement

Im JETZT leben

- Nicht ständig Pläne aufstellen
- Zukunft existiert nur in der Vorstellung
- Muss nicht ständig verändert werden
- Agieren und Reagieren ist wichtig
- Zeit ist Ihr kostbarstes Gut
- Konzentriert und bewusst arbeiten
- NEIN sagen ist erlaubt!

Ich meine das ist doch
klar, oder?

Quelle: S. Wüst - Schulung Konfliktmanagement

 ## Die Macht der negativen Bilder

- Was mit Bildern verknüpft ist.
- Ist ein Problem das bleibt! Dies ist schwer aufzulösen.
- Sobald etwas ähnliches auftaucht ist diese Erinnerung da.
- Man kann nur die Bedeutung abmildern.

Das ist oft eine Problem
bei dramatischen
Erlebnissen.

Quelle: S. Wüst - Schulung Konfliktmanagement

Siegfried Wüst – **Thema: KONFLIKTMANAGEMENT für Führungskräfte -**
Konflikte gilt es zu lösen, sonst wird es problematisch und oft auch teuer.

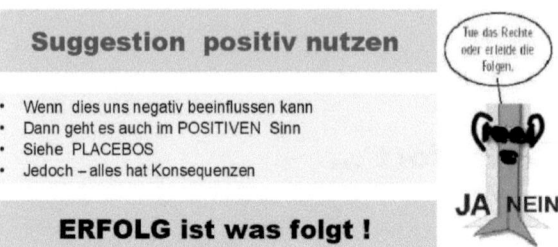

Ist das nicht tröstlich?

Quelle: S. Wüst - Schulung Konfliktmanagement

Die Einstellung ist sehr wichtig.

50 % des Erfolges kann man dem WOLLEN zuschreiben .

40 % dem engagiert sein und dabei ehrlich bleiben

10 % sind dann noch freier Wettbewerb

Wohhhhhhhh!

nicht übertreiben

Selbstüberschätzung
bringt nichts.

Quelle: S. Wüst - Schulung Konfliktmanagement

Erfolg, oder das Geheimnis wie man gewinnt

. **Ziel** formulieren / so genau , wie möglich beschreiben

. **Aufwand** prüfen

. **Zeit** zur Erreichung definieren (Tag / Monat / Jahr)

. **Wollen** und handeln

Quelle: S. Wüst - Schulung Konfliktmanagement

Siegfried Wüst – **Thema: KONFLIKTMANAGEMENT für Führungskräfte -**
Konflikte gilt es zu lösen, sonst wird es problematisch und oft auch teuer.

WOLLEN und sich mit LEIDENSCHAFT engagieren !

Positiv sein und die Menschen gut behandeln

Nicht aufgeben ,auch wenn Schwierigkeiten auftreten

Jeden Tag besser werden

Das ist ein guter Weg.

Die Verantwortung für sich und die eigenen Handlungen übernehmen

Quelle: S. Wüst - Schulung Konfliktmanagement

Es gilt eine positive Einstellung Um– und Einzusetzen

Eine positive, gewinnbringende Einstellung

Damit Dinge sich bessern muss man sich selbst auch verbessern

Ausstrahlung.

Wenn man bereit ist seine Einstellung zu ändern, kann man fast sofort auch sein Leben verändern

. begeistert sein

Handlung.

. positiv sein

. sich selbst verpflichten zum Wollen

Sein.

. Vorbild sein

Das Leben ist nur zu 10 %, was man daraus macht, aber zu 90 % wie man es lebt und annimmt.

Quelle: S. Wüst - Schulung Konfliktmanagement

Glaube an das GUTE in den Menschen und es wird sich viel Gutes zeigen.

Echter LOB ist einer der stärksten Motivationen für Menschen und Tiere.

LOBEN auch im Beisein Anderer. **Spontan loben , nicht gekünstelt.**

LOBEN aber ehrlich.

Wer Menschen zu LEITEN versteht, teilt seinen ERFOLG stets mit den Menschen.

• Es ist wichtig sich **nicht** mit anderen zu **vergleichen.**

Vergleichen kann gefährlich sein.

• Neid, Gedanken , Erwartungen sind ungünstig ,

• weil es nur die EIGENEN Gedanken sind

Quelle: S. Wüst - Schulung Konfliktmanagement

Siegfried Wüst – **Thema: KONFLIKTMANAGEMENT für Führungskräfte -**
Konflikte gilt es zu lösen, sonst wird es problematisch und oft auch teuer.

Angst ist eine ungute Emotion , die immer **noch schlechter** wird, je mehr Energie (damit negative Energie) man in Angst steckt, um so schlimmer wird es!

ANGST
geht über Gefühle und
die sind für uns immer
wahr.

Angst geht über Gefühle.

Gefühle sind für einen selbst immer wahr.

Quelle: S. Wüst - Schulung Konfliktmanagement

Alles hat einen Preis auch der Erfolg (**Einsatz und Wollen**) !

Ein GEWINNER tut es einfach.

Die Welt hält nicht an und watet auf uns.

Es gilt **im JETZT zu leben** und nicht ständig an einer neuen Zukunft zu planen.

ZIELE gilt es zu definieren, den Ablauf und die Zeit festzulegen und nicht davon zu träumen.

Quelle: S. Wüst - Schulung Konfliktmanagement

Nun, was ist mit unserem DENKEN?

Die Art unsere Denkens ist wichtig:

Positives/negatives Denken, rationales/emotionales Denken?

Möchten Sie herausfinden, welches Denken bei Ihnen ausgeprägter ist - das intuitive System oder das rationalere System? Machen wir zu Beginn ein bisserl Gehirnjogging?

Dann machen Sie bitte mal den nachfolgenden Test:

Aufgabe 1:

Ein Schläger und ein Ball kosten zusammen 110 €
Der Schläger kostet 100,00 € mehr als der Ball. Wie viel kostet der Ball?

Siegfried Wüst – **Thema: KONFLIKTMANAGEMENT für Führungskräfte -** Konflikte gilt es zu lösen, sonst wird es problematisch und oft auch teuer.

Quelle: S. Wüst - Schulung Konfliktmanagement

5 € , denn 105 + 5 = 110
Die Aussage war, 5 € mehr als der Schläger.

Nun, haben Sie es gewusst?

Fängt man nicht zu oft einfach an zu rechnen, ohne genau den Text (zu hören) zu erfassen. Ich habe in meinem Leben, durch rationales Denken, gekoppelt mit der erworbenen Erfahrung, einfacher Lösungen erarbeitet.

Ja genau das ist ein Problem.

In meinen Führungskräfte Handbüchern Teil I bis III habe ich **zahlreiche Beispiele dazu aufgeführt.**

GRIN Verlag https://www.grin.com/user/1862381.

Nun fehlen uns noch die ERWARTUNGEN:
Realität ist prüfbar – Fakten – keine Meinungen.
Zu oft lassen wir uns „vorschnell" von MEINUNGEN, GEDANKEN, ERWARTUNGEN verführen.

Verschiedene Wirklichkeiten

nach Watzlawick

Wirklichkeit 1. Ordnung
Feststellbare, messbare Größen
(Übereinstimmung ist leicht herstellbar)

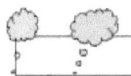

Wirklichkeit 2. Ordnung
Meinungen, Standpunkte, Werte
(Konsens schwer oder gar nicht herstellbar)

Quelle: S. Wüst - Schulung Konfliktmanagement

Siegfried Wüst – **Thema: KONFLIKTMANAGEMENT für Führungskräfte -**
Konflikte gilt es zu lösen, sonst wird es problematisch und oft auch teuer.

Ein Mensch hat, vereinfacht dargestellt, zwei Möglichkeiten, sein Leben zu gestalten:

ein aktives selbstgesteuertes Leben, für welches
symbolisch der Adler steht oder

ein eher passives Leben mit sehr eingeschränkten
Möglichkeiten, symbolisch eine Frosch.

Handeln statt klagen -

Adler   oder   Frosch

 Als FROSCH ?
  • Alles ertragen und leiden
  • Und mich mit Quaken bemerkbar
    machen?

Als ADLER ?
•Mit Weitblick und Überblick mein
Leben in die Hand nehmen
•WOLLEN

Quelle: S. Wüst - Schulung Konfliktmanagement

Lösungen suchen !

Keine Probleme definieren !

Unser DENKEN

Bestimmt unser
ERLEBEN

Frösche tun nur das Nötigste – und oft noch nicht einmal das.

Adler gehen die Extra-Meile.

Sie tun mehr, als man von ihnen erwarten würde.

Für die Frösche besteht die ganze Welt aus einem kleinen
Tümpel. Adler erreichen die höchsten Gipfel.

Siegfried Wüst – **Thema: KONFLIKTMANAGEMENT für Führungskräfte -**
Konflikte gilt es zu lösen, sonst wird es problematisch und oft auch teuer.

Quelle: S. Wüst - Schulung Konfliktmanagement

Lassen Sie uns eine Situationen anschauen,wo wir den
Charakter eines Frosches klar erkennen können.

**Sind Sie schon mal einige Minuten zu spät in den
Frühstücksraum eines Hotels gekommen ?**

Wenn Sie einem Frosch begegnen, dann wird er sagen:
„Tut mir leid, aber Sie sind zu spät. Haben Sie nicht das Schild
draußen gelesen? Frühstück gibt es nur bis zehn."

Ein Adler wird dagegen fragen: „Das Buffet ist leider schon
abgeräumt, kann ich Ihnen schnell noch etwas in der Küche
fertig machen lassen? Was hätten Sie gerne?"

Quelle: S. Wüst - Schulung Konfliktmanagement

**Nun fragen Sie sich doch – was hat das ALLES mit
Konfliktmanagement zu TUN?**

 **Grüne Ampel / losfahren**

(Wissen und Können)

Losfahren?

Daher vorher :

**Informationen sammeln
und auswerten**

(Realität ist prüfbar)

Siegfried Wüst – **Thema: KONFLIKTMANAGEMENT für Führungskräfte -**
Konflikte gilt es zu lösen, sonst wird es problematisch und oft auch teuer.

**Meine Behauptung war doch – VIEL hängt von unserer Art zu
DENKEN und unserer EINSTELLUNG im LEBEN ab?
Folglich auch mit unseren ERWARTUNGEN ?**

Quelle: S. Wüst - Schulung Konfliktmanagement

$$\text{Grad der Enttäuschung} = \frac{\text{Erwartungen}}{\text{Erreichtes}}$$

Steigen die **Erwartungen**
ohne mehr zu **Erreichen**,
so steigt damit zwangsläufig
die **Enttäuschung**.
Enttäuschung wird zum
Ende der Täuschung.

**Folglich sind möglichst
keine Erwartungen besser -
einfach sich überraschen lassen**

Es geht immer also auch um uns ?

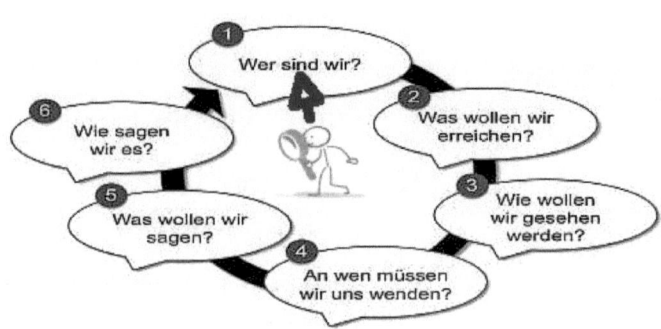

Siegfried Wüst – **Thema: KONFLIKTMANAGEMENT für Führungskräfte -**
Konflikte gilt es zu lösen, sonst wird es problematisch und oft auch teuer.

Denken Sie bitte auch noch an die Bedeutung der SACHEBENE (1/7) zur BEZIEHUNGSEBENE (6/7)

Quelle: S. Wüst - Schulung Konfliktmanagement

Was können wir aus diese Darstellung alles erkennen?

1. **Kommunikation** ist die Basis für unser Zusammenleben.
2. Es spielen immer **Menschen** eine bedeutende Rolle.
3. Kommunikation ist ein **„Meinungsaustausch"** - muss nicht stimmen.
4. **Realitäten** sind prüfbar (Fakten).
5. Es gibt eine **Sachebene** (Bedeutung 1/7) und eine
6. **Beziehungsebene** (Bedeutung 6/7) Wohhhh !
7. Menschen verfolgen mit der Kommunikation **eigene Anliegen**.
8. Menschen **offenbaren** in der Art der Darstellung auch ihr **Wesen**.
9. Menschen haben Vorstellungen, Meinungen, Emotionen und Ängste.
10. **Menschen sind unterschiedlich.**

Siegfried Wüst – **Thema: KONFLIKTMANAGEMENT für Führungskräfte -**
Konflikte gilt es zu lösen, sonst wird es problematisch und oft auch teuer.

Quelle: S. Wüst - Schulung Konfliktmanagement

Nun können wir uns den Konflikten widmen – bereit? ARTEN:

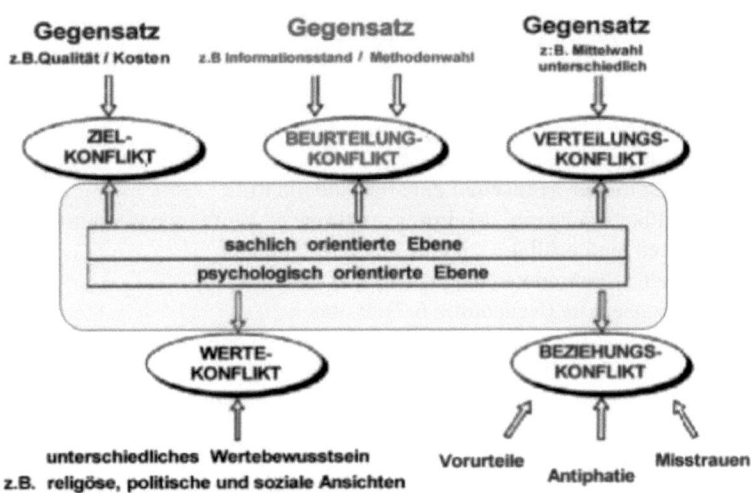

Siegfried Wüst – **Thema: KONFLIKTMANAGEMENT für Führungskräfte -**
Konflikte gilt es zu lösen, sonst wird es problematisch und oft auch teuer.

Fragestellungen, die eine Vorabklärung ermöglichen:

Wer sind die **Konfliktparteien** (Organisationen, Menschen, Gruppen usw.) ?
Was ist die **Streitursache** (Fakten, Meinungen, Empfindlichkeiten usw.) ?
Wie sind bisher die **Wirkungen** und was ist noch möglich ?
Was kann schnellstmöglich getan werden ?

Bevor wir auf Einzelheiten eingehen sollten, möchte ich noch folgendes anführen; zu beachten sind:

1. Konfliktaspekte?
2. Konfliktarten?
3. Lösungsansätze, falls schon bekannt?
4. **Was ist danach zu beachten?**

Ein **Konflikt** stellt normalerweise ein auf Fakten, Meinungen, Gefühlen, oder Ansichten basierendes Problem zwischen Menschen dar, und geht i.d.R. mit hoher Emotionalität einher.

Oft ist es nicht nur eine Abweichung zw, Soll und Ist, sondern vor allem auch eine **Abweichung in den Standpunkten und der Beurteilung**. Ursachen sind meistens ungelöste oder angehäufte Probleme. Daher ist es wichtig zeitnah zu handeln. Jede weitere Verzögerung kann zu einer Erhöhung der Kosten beitragen.

Konflikt-Punkte können sein:

Umgang Miteinander
Formulierungen
Arbeitseinstellung
Umgang mit Wahrheiten
Generelle Unzufriedenheit
Gruppenbildungen

Siegfried Wüst – **Thema: KONFLIKTMANAGEMENT für Führungskräfte -**
Konflikte gilt es zu lösen, sonst wird es problematisch und oft auch teuer.

Es sind auch INTERESSEN die kollidieren. Daraus folgt, die Art des Umganges mit einem Konflikt entscheidet über die weiteren Möglichkeiten.

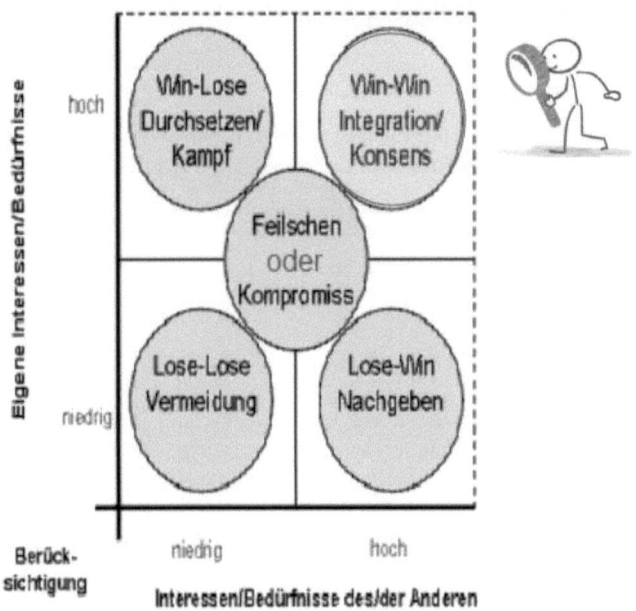

Quelle: S. Wüst - Schulung Konfliktmanagement

Wichtig für den Erfolg einer Organisation/Firma ist gutes Zusammenspiel aller Funktionen; somit Respekt, Vertrauen und Freude an der Zusammenarbeit. Daher ist es sinnvoll zu **tragfähigen Lösungen** zu kommen.

Nur an eigenen Bedürfnissen sich zu orientieren ist i.d.R. schädlich, wie das Bild oben verdeutlicht. Bei Führungsqualität ist **Kritikfähigkeit** in beide Richtungen gemeint: Chefs müssen in der Lage sein, konstruktive Kritik zu geben und so die Arbeit von Mitarbeitern zu verbessern, ohne respektlos zu wirken. Gleichzeitig müssen Führungskräfte **Kritik auch akzeptieren** können, sich selbst hinterfragen und daraus lernen, um in Zukunft besser zu werden.

Siegfried Wüst – **Thema: KONFLIKTMANAGEMENT für Führungskräfte -**
Konflikte gilt es zu lösen, sonst wird es problematisch und oft auch teuer.

Thema	andere Menschen richtig einschätzen	
Frage	**Variante A**	**Variante B**
wie betrachten Sie Ihre Vergangenheit?	als gelernt angenommen	verdrängt
wie gut hören Sie zu?	hören genau zu	vergessen oft Passagen
wie drücken Sie Ihre Gefühle aus?	relativ frei und offen	behalte ich für mich
wie begegnen Sie anderen?	sehr offen und aktiv	misstrauisch und vorsichtig
wie reagieren Sie bei Problemen?	alles wird gut	sind eingeschüchtert
wie bewusst glauben Sie andere wahrzunehmen?	haben schnell ein Bild	werden oft enttäuscht
sind Ihre beruflichen Entscheidungen?	mehr erfolgreich	weniger erfolgreich
wie treffen Sie Entscheidungen?	Allein, wenn	Gemeinsam, nach Rücksprache

Wie viele A Antworten? -----------------------/---------------------------------------/-------------------------------

Wie viele B Antworten? -----------------------/---------------------------------------/-------------------------------

Wenn Sie mehr mit A-Versionen geantwortet haben, so sind Sie auf einem guten Weg.

Quelle: S. Wüst - Schulung Konfliktmanagement

Charakteristika guter Menschenkenner: Intuition

Aus Erfahrungen lernen

Gut zuhören

Andere mit den Reaktionen wahrnehmen

Achten auf Details und trotzdem das Gesamte im Blick haben

Gutes Gedächtnis

Treffen mehr richtige als falsche Entscheidungen

Haben ehrliche, gefestigte Freundschaften und tiefe zwischenmenschliche Kontakte

Auch das ist leider noch immer möglich:

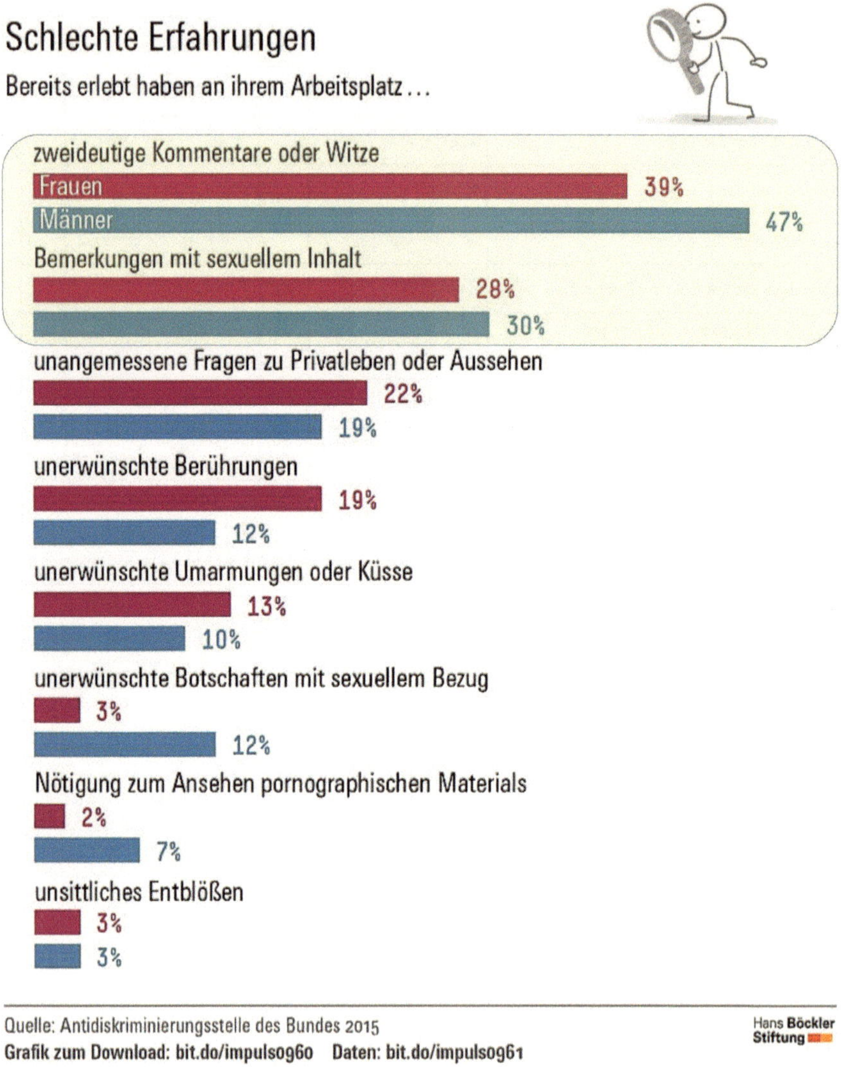

Schlechte Erfahrungen

Bereits erlebt haben an ihrem Arbeitsplatz ...

zweideutige Kommentare oder Witze
- Frauen — 39%
- Männer — 47%

Bemerkungen mit sexuellem Inhalt
- 28%
- 30%

unangemessene Fragen zu Privatleben oder Aussehen
- 22%
- 19%

unerwünschte Berührungen
- 19%
- 12%

unerwünschte Umarmungen oder Küsse
- 13%
- 10%

unerwünschte Botschaften mit sexuellem Bezug
- 3%
- 12%

Nötigung zum Ansehen pornographischen Materials
- 2%
- 7%

unsittliches Entblößen
- 3%
- 3%

Quelle: Antidiskriminierungsstelle des Bundes 2015
Grafik zum Download: bit.do/impuls0960   Daten: bit.do/impuls0961

Hans **Böckler**
Stiftung

Siegfried Wüst – **Thema: KONFLIKTMANAGEMENT für Führungskräfte -**
Konflikte gilt es zu lösen, sonst wird es problematisch und oft auch teuer.

Konflikte gibt es an vielen Stellen:

Konflikte gibt es überall wo Menschen miteinander zu tun haben. Konflikte gehören
zum Alltag und können nicht verhindert werden. Wichtig ist gut und rechtzeitig damit
umzugehen.

Von diesen **Konfliktvarianten** wollen wir mal vereinfacht ausgegangen:

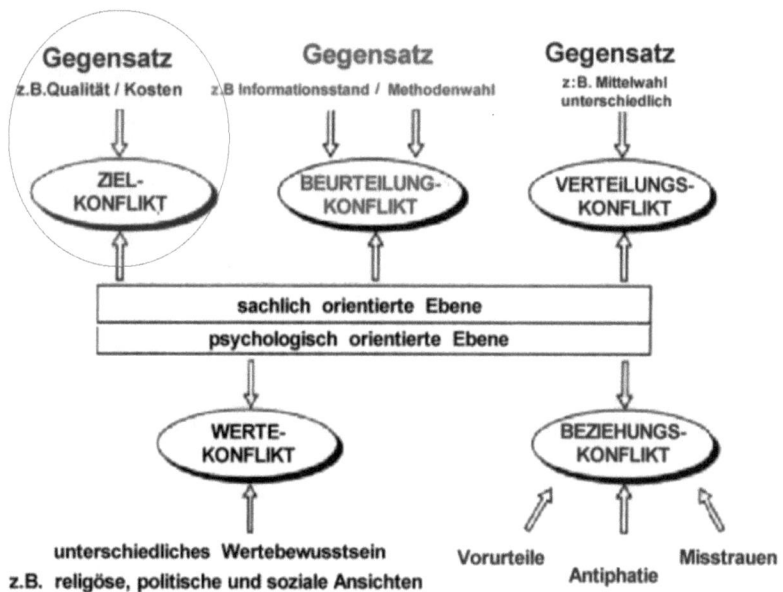

Quelle: S. Wüst - Schulung Konfliktmanagement

ZIELKONFLIKT

Basiert auf **empfundenen Gegensätzen** in Bezug auf Absichten bzw. Interessen.
Man unterscheidet auch **Bewertungskonflikt** und **Beurteilungskonflikt**
(Wegkonflikt) Für das Erreichen eines bestimmten Ziels fehlen auch mal die Mittel.
Es gibt daher noch den **Ziel-Ziel-Konflikt** und den **Mittel-Mittel-Konflikt**.

Siegfried Wüst – **Thema: KONFLIKTMANAGEMENT für Führungskräfte -**
Konflikte gilt es zu lösen, sonst wird es problematisch und oft auch teuer.

Beispiel: *Die Geschäftsleitung möchte* **Einsparungen** *im Bereich der Personalkosten vornehmen. Die Produktionsleitung dagegen, möchte dies nicht. Wenn die Geschäftsleitung und die Produktionsleitung nicht auf eine geeignete Lösung kommen, kann hier ein Zielkonflikt entstehen.*

Ein Lösungsansatz ist hier eine Optimierung für die Aufgaben zu prüfen – sachlich, faktisch (siehe Führungskräfte Toolbox Teil III, S. Wüst , Seite 32)

BEURTEILUNGSKONFLIKT
Er basiert auf der unterschiedlichen Interpretation von Lagen/Situationen.

Beispiel: *In einem Fertigungsbetrieb werden Aufträge oft zu spät fertiggestellt. Um die gefertigten Teile pünktlich an den Kunden liefern zu können, gibt es eine Diskussion zwischen dem Betriebsrat und der Geschäftsleitung. Der Betriebsrat fordert mehr Personaleinstellungen, die Geschäftsleitung dagegen möchte zusätzliche Personalkosten vermeiden und erwartet von den Mitarbeitern mehr Einsatzbereitschaft.*

VERTEILUNGSKONFLIKT
Er basiert oft auf empfundenen oder realen Gegensätzen in Bezug auf die Nutzung/Realisierung von Ressourcen.

Beispiel: *In einem Betrieb gibt es zwei gleichartige Stellen, folglich zwei Personen die gleiche Arbeitsaufgaben haben. Jedoch erhalten diese unterschiedliche Gehälter. Für Ihre Aufgaben und wissen voneinander.*

WERTEKONFLIKT
Bei Wertekonflikten geht es darum den anderen zu überzeugen. In der Praxis sind Interessen- und Wertekonflikte oft verbunden. Sie können auch ineinander übergehen.

Beispiel: *Es gibt Konflikte* **zwischen Werten unterschiedlicher Personen** *und Gruppen, zum Beispiel zwischen Mann und Frau, Chef und Mitarbeiter, Gewerkschaft und Arbeitgeber, u.s.w. – das heißt, es können unterschiedliche Werte aufeinander treffen, welche dann einen zwischenmenschlichen, gesellschaftlichen oder politischen Konflikt auslösen.*

Siegfried Wüst – **Thema: KONFLIKTMANAGEMENT für Führungskräfte -**
Konflikte gilt es zu lösen, sonst wird es problematisch und oft auch teuer.

BEZIEHUNGSKONFLIKT
Er basiert auf dem empfundenem Gegensatz in Bezug auf das Verhalten und allem
was folgt.

*Beispiel: Kollegen müssen sich im Betrieb, ein Büro miteinander teilen. Beide
Personen sind, was den Arbeitsstil angeht sehr unterschiedlich. Die eine Person
arbeitet immer sehr akribisch die Andere dagegen breitet ihre Unterlagen im
kompletten Büro aus.*

*Selbst wenn der Konflikt eigentlich mit der Sache zu tun hat, nehmen wir ihn leider
oft zuerst auf der personellen Ebene wahr. Es entsteht in solchen Situationen ein
emotionaler Konflikt nach dem Motto: "Der hat was gegen mich, mit dem kann ich
gar nicht gut arbeiten."*

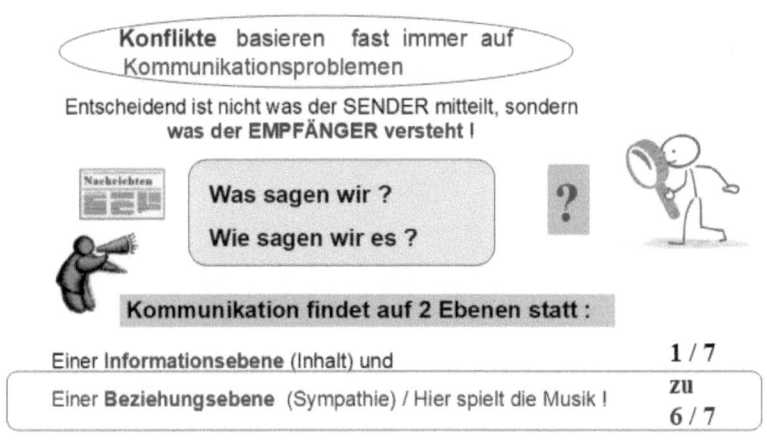

Quelle: S. Wüst - Schulung Konfliktmanagement

Konflikte bearbeiten / nicht eskalieren lassen

Im Vorfeld kann die Führungskraft für eine offene Diskussionskultur im
Unternehmen sorgen. So kommen Ärgernisse frühzeitig auf den Tisch, und die
Beteiligten fühlen sich ernst genommen.

Siegfried Wüst – **Thema: KONFLIKTMANAGEMENT für Führungskräfte -**
Konflikte gilt es zu lösen, sonst wird es problematisch und oft auch teuer.

Ferner ist wichtig bei der Konfliktbearbeitung: Ist die Führungskraft selbst
involviert, dann sollte auf jeden Fall ein Unbeteiligter hinzugezogen werden.

**Am Arbeitsplatz kommt es auch zu der Situation, dass man mit Kollegen
zusammenarbeitet, denen man selbst ein „Gefühl der Antipathie"
entgegenbringt.**

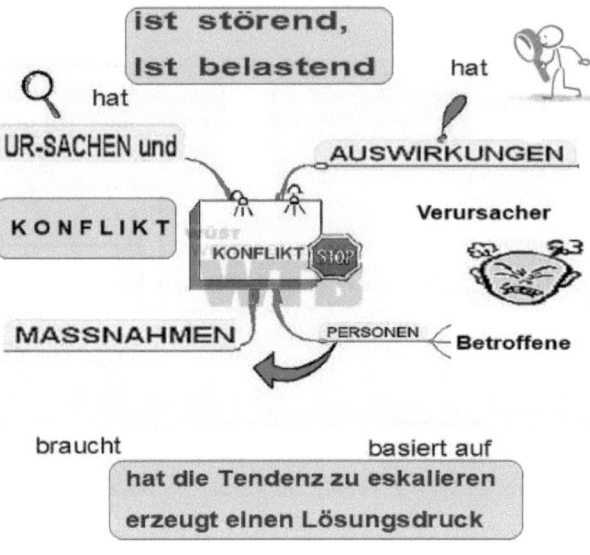

Quelle: S. Wüst - Schulung Konfliktmanagement

Hier können unterschiedliche Ursachen vorhanden sein:

Unterschiedliche **Lebenserfahrungen**, die vom Berufsweg oder der
Lebenserfahrung geprägt sein können.

Beeinflussung durch andere Kollegen : *„Ich habe gehört, dass der dies oder jenes
gesagt hat."*

Gewohnheiten die stören (Beispiel: Rauchen)

Eigenheiten, die mit den eigenen Vorstellungen nicht in Übereinstimmung gebracht
werden und zu Konflikten führen können. (Launen, Unordentlichkeit uam.)

Gedanken sind mächtig – meistens weder richtig noch notwendig

40 % unserer Gedanken und Gefühle drehen sich um Dinge, die nie passieren werden

30 % unserer Gedanken und Gefühle drehen sich um Dinge, die bereits vergangen sind und nicht mehr zu ändern sind

12 % unserer Gedanken und Gefühle kreisen um Kritik anderer Menschen, wobei diese Kritik meistens sogar noch unrichtig ist

Quelle: S. Wüst - Schulung Konfliktmanagement

Was sehen Sie ???
Thema: Wirklichkeit / Realität

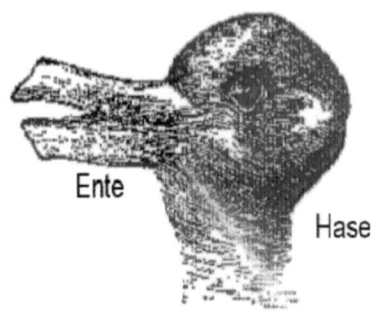

Ente

Hase

Es kommt also auch auf die eigene Vorstellung, Erfahrung und den wahrgenommen Ort an.

Zwei Blinde

Werden an verschiedene Stellen

eines Elefanten geführt und gefragt

wie sie das Tier wahrnehmen ?

Nr 1 sagt : „ **Es ist** Säulenartig"
Nr 2 sagt : „**Es ist** Schlangenartig"

Quelle: S. Wüst - Schulung Konfliktmanagement

In unserem Kopf!

Bilder und
Gedanken
entstehen
im KOPF

Wir erleben verschiedene Wirklichkeiten

Wirklichkeit 1. Ordnung

Feststellbare, messbare Größen
(Physik; Konsens leicht herstellbar)

Wirklichkeit 2. Ordnung

Meinungen, Standpunkte, eigene Werte
(Konsens schwer oder gar nicht herstellbar)

Quelle: S. Wüst - Schulung Konfliktmanagement

Alles im Leben hat Konsequenzen
Aktion und Reaktion

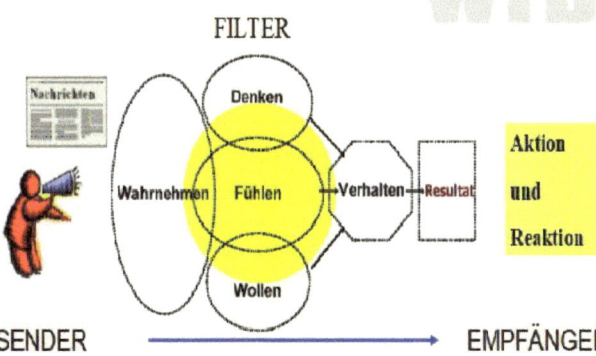

Hierzu gibt es zahlreiche nette Sprüche :
Wie man in den Wald hineinruft so schallt es zurück.
Was du nicht willst das man dir tu, das füg auch keinem
Andern zu.

Da ist auch noch – Menschen sind verschieden – hier z.B. :

Quelle: S. Wüst - Schulung Konfliktmanagement

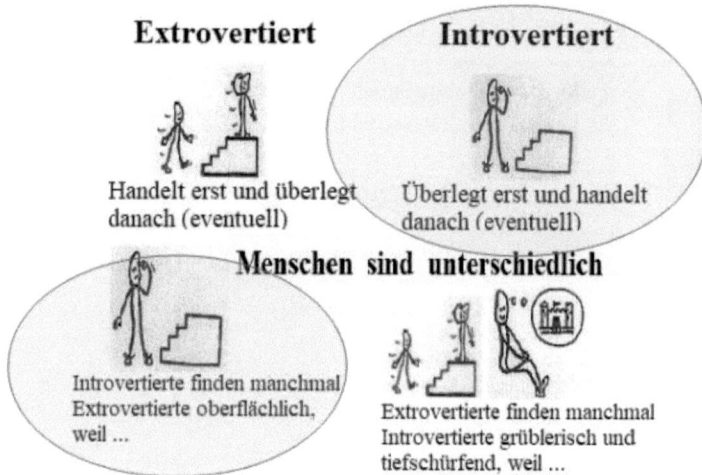

Extrovertiert

Handelt erst und überlegt
danach (eventuell)

Introvertiert

Überlegt erst und handelt
danach (eventuell)

Menschen sind unterschiedlich

Introvertierte finden manchmal
Extrovertierte oberflächlich,
weil ...

Extrovertierte finden manchmal
Introvertierte grüblerisch und
tiefschürfend, weil ...

Und da gibt es noch diese Sichtweise:

Wenn eine andere Person ihre Meinung mit starken
Worten äußert, gilt sie als beharrlich. Wenn ich das
tue, habe ich einen starken Charakter.

Wenn eine andere Person einige Verhaltensregeln
übersieht, gilt sie als unverschämt. Wenn ich das
tue, bin ich eine Persönlichkeit.

Wenn eine andere Person ihre Meinung ändert, gilt
sie als wankelmütig.
Wenn ich das tue, bin ich flexibel.

Quelle: S. Wüst - Schulung Konfliktmanagement

Menschen sind verschieden und urteilen verschieden:

Ich bin nicht OK, du bist OK.

"WEICHEI"

Du bist OK, ich bin OK.

WIN / WIN

"GEWINNER"

Ich bin nicht OK, du bist nicht OK.

"DEPRESSION"

Du bist nicht OK, ich bin OK.

"HARTE NUSS"

Alles eine Frage vom DENKEN, GEDANKEN und Sichtweisen.
Folglich liegt VIEL an UNS selbst:

Denken und Einstellungen entscheiden darüber, wie wir uns fühlen. Gefühle sind für uns immer WAHR (müssen jedoch nicht die REALITÄT sein). Diese Tatsache akzeptieren, bedeutet ein weiterer wichtiger Schritt ist getan.

LOSLASSEN von negativen GEDANKEN.

Realität ist prüfbar (zuhören – hinsehen – fragen)

Arabisches Sprichwort :

„Nimm es als Vergnügen, und es ist ein Vergnügen.
Nimm es als Qual, und es ist eine Qual.“

Siegfried Wüst – **Thema: KONFLIKTMANAGEMENT für Führungskräfte -**
Konflikte gilt es zu lösen, sonst wird es problematisch und oft auch teuer.

Sehen Sie sich bitte mal das Bild genau an, und vor allem die Schritte, sowie Verknüpfungen. Es gilt immer Aktion und Reaktion, sowie Chance und Risiko. Ferner ist eine gewisse Reihenfolge bei der guten Kommunikation sinnvoll.

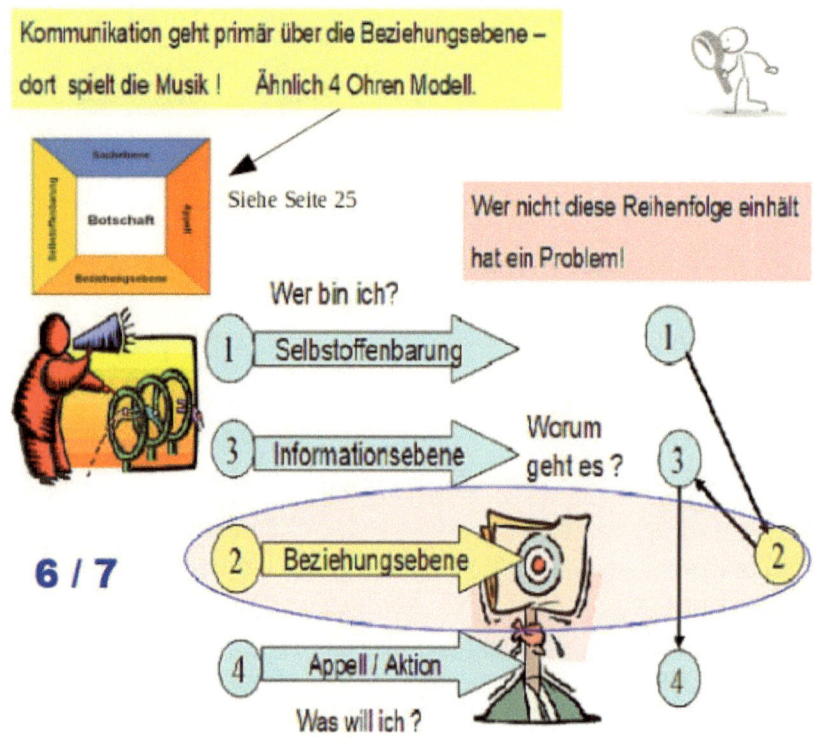

Quelle: S. Wüst - Schulung Konfliktmanagement

Zur Kommunikation Siehe auch Seite 24

Reihenfolgen und Art der Kommunikation sind ganz wesentlich. Fragen mit WIESO (nicht WARUM – geht in die Vergangenheit) sind nützlich.

Wenn man mal verschiedene „Typen von Menschen" mit einem Tier, als Analogie verbinden kann, so ergäbe sich z.B.:

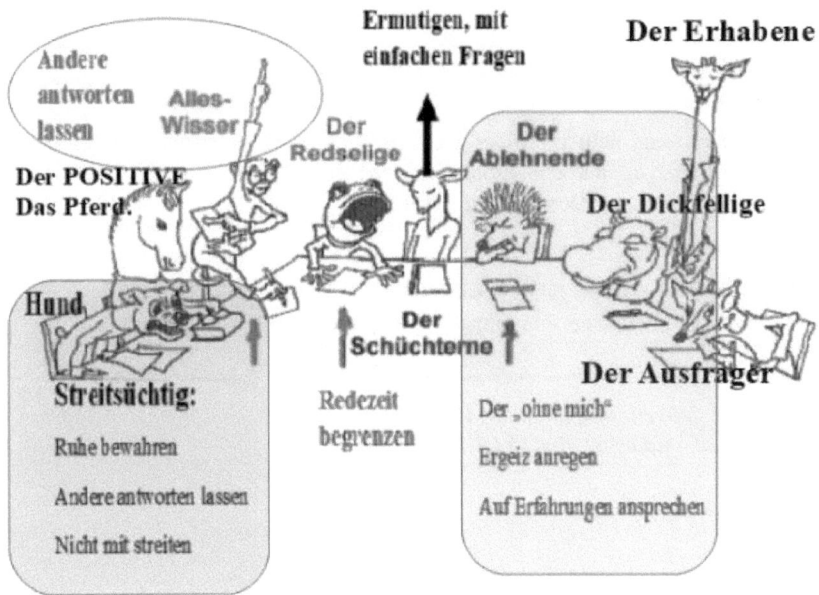

Quelle: S. Wüst - Schulung Konfliktmanagement

Mit Hinweisen zum Umgang. Sicher kennen wie alle solche oder ähnliche Formen /Arten der Mitbürger? Das ist deren „Persönlichkeit". Sich darüber ständig zu ärgern bringt nichts. Wer Menschen nimmt wie sie sind tut sich leichter. „Meine Insel" und „Deine Insel" – kann helfen. Eine WIN / WIN - Lösung ist immer gut.

Nochmal:

Mit unserem Denken und den zugeordneten Bildern „kreieren wir eine Realität in unserem Gehirn." Diese kreierte Realität muss mit der wirklichen Realität nicht übereinstimmen. Das ist die Kern-Problematik mit unseren Gedanken. Daher neutral an „Herausforderungen" herangehen. **Realität ist prüfbar.** Dazu kommt noch unser **Unterbewusstsein** (15 mm wahrgenommen zu 15 km unbewusst) ist bemüht unsere „Gedanken" zu Realität zu machen. **Unsere Gefühle sind für uns immer wahr.**

Erkenntnis:

Es liegt Vieles an uns selbst: Unser **Denken** und unsere inneren **Einstellungen** entscheiden darüber, wie wir uns fühlen. **Sobald Sie diese Tatsache akzeptieren, haben Sie einen weiteren guten Schritt getan.**

LOSLASSEN von negativen GEDANKEN.
Realität ist prüfbar (zuhören – hinsehen – fragen)

„Nimm es als Vergnügen, und es ist ein Vergnügen.
Nimm es als Qual, und es ist eine Qual. "

Anstatt:
Das ist der absolute Mist !!
Das ist aber spannend !!

ODER noch besser:
Das ist eine Herausforderung.

So wird das Gehirn auf „suchend / forschend" eingestellt.

Siegfried Wüst – **Thema: KONFLIKTMANAGEMENT für Führungskräfte -**
Konflikte gilt es zu lösen, sonst wird es problematisch und oft auch teuer.

Wir haben uns über Denken, Gedanken, Meinungen, Kommunikation, Menschen und Sichtweisen informiert. Es gibt noch einige andere Arten der Betrachtung von Menschen, jedoch zu viel kann auch verwirrend sein.

Konflikte erfüllen auch positive Funktionen, wie:

- Sie weisen auf **Probleme** hin.
- Sie fördern **Innovation.**
- Sie erfordern **Kommunikation.**
- Sie **verhindern** Stagnation.
- Sie regen **Interessen** an.
- Sie lösen **Veränderungen** aus.
- Sie stimulieren **Kreativität.**
- Sie **festigen** Gruppen.
- Sie führen zu **Selbsterkenntnissen.**
- Sie können **zu positiven Veränderungen** beitragen

Das Grundmuster einer Konfliktlösung, ist:

- **Flucht** („auf die lange Bank" geschoben).
- **Vernichtung** des Gegners (das ist sehr gefährlich, sagte schon Bismarck).
- **Unterordnung** des einen unter den anderen (auch fragwürdig).
- **Delegation** an eine dritte Instanz (manchmal sinnvoll, manchmal feige).
- **Kompromiss** (WIN/WIN ist i.d.R. vorteilhaft).
- **Konsens** (für den weiteren, gemeinsamen Weg).

Konflikthandhabung (Achtung, alles hat Konsequenzen)

Nach Feststellung der Konfliktursachen kann entschieden werden, mit welcher Strategie dem Konflikt begegnet wird: Möchte man Opfer sein, d.h. wartet man ab, was geschieht (System Frosch), oder will man den Konflikt aktiv bewältigen (System Adler)?

Siegfried Wüst – **Thema: KONFLIKTMANAGEMENT für Führungskräfte -**
Konflikte gilt es zu lösen, sonst wird es problematisch und oft auch teuer.

Achtung, alles hat Konsequenzen:

Verlierer - Gewinner - **Strategie**
Gewinner - Verlierer - **Strategie**
Verlierer - Verlierer - **Strategie**

Alles ungut - Gewinner-Gewinner-Strategie / (WIN – WIN) – beste Lösung !

Diese Punkte sind bei der Konfliktdiagnose zu bearbeiten:

1. Die Streitpunkte Oder: Worum geht es wirklich?
2. Die beteiligten Parteien Oder: Wer steht im Konflikt gegeneinander?
3. Die sichtbare Form Oder: Wie äußert sich der Konflikt?
4. Der Verlauf Oder: Wie hat sich der Konflikt entwickelt?
5. Das (bisherige) Ergebnis Oder: Was hat der Konflikt (bisher) gebracht?

Kommen wir zu **Konflikten & -arten zurück:**

Dies ist immer zu beachten.

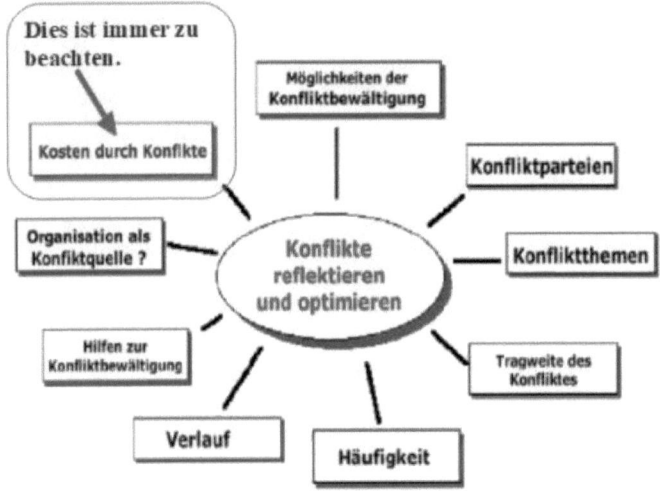

Quelle: S. Wüst - Schulung Konfliktmanagement

Siegfried Wüst – **Thema: KONFLIKTMANAGEMENT für Führungskräfte -**
Konflikte gilt es zu lösen, sonst wird es problematisch und oft auch teuer.

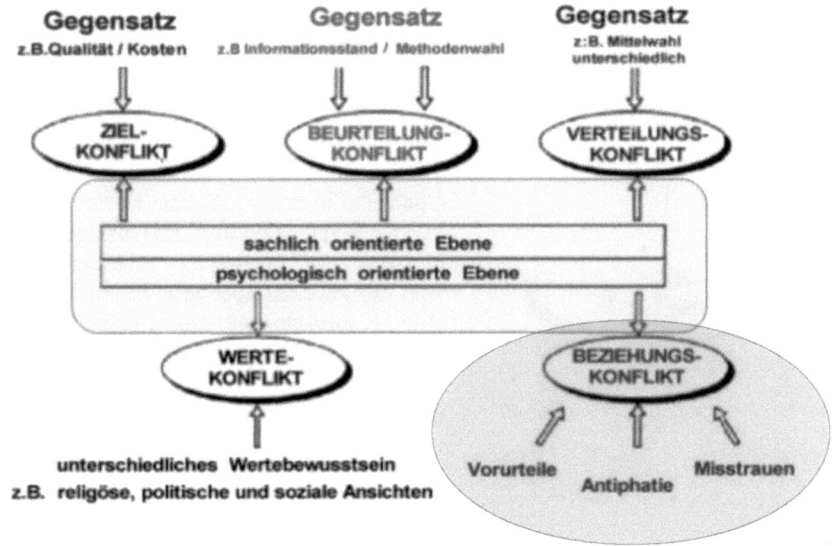

Quelle: S. Wüst - Schulung Konfliktmanagement

Wie das Bild schon andeutet ist dies eine sehr komplexe Situation. Wieso? Nun, hier spielt viel **menschelndes** mit hinein.

Anzeichen für sich anbahnende Konflikte: Wenn seltener von "wir", und häufiger von "ihr" gesprochen wird, oder / und sich einzelne "Grüppchen" absondern. Beim **"Beziehungskonflikt"**, stimmt häufig die "Chemie" nicht mehr. Meist spielen sich diese Konflikte auf emotionaler Ebene ab. Eine dauerhafte Konfliktlösung zu finden, ist eine "harte Nuss".

Einfacher ist der **"Zielkonflikt,** er ist jedoch oft Auslöser für Streit im Team.

Der Marketingbereich will zum Beispiel mit großen Kampagnen "Gas geben" und der Controller in erster Linie die Kosten senken. Zwei **gegensätzliche Zielvorstellungen,** die zunächst unvereinbar scheinen. Noch sind die Parteien aber grundsätzlich bereit, eine Konfliktlösung zu finden. Daraus könnte jedoch ein "Beurteilungskonflikt" entstehen. Streit gibt es dann um die richtige Konfliktlösung.

Hier geht es oft um die Frage, wie knapper werdende **Ressourcen** künftig im Betrieb verteilt werden.

Sie haben beispielsweise der Abteilung das Jahresziel vorgegeben, das Abteilungsbudget um 15 Prozent zu senken. Alle akzeptieren das – nur, jeder möchte zunächst beim anderen sparen. Sind die Zielvorstellungen zur Lösung der Aufgabe nicht mehr miteinander vereinbar, spricht man von einem **"Zielkonflikt".**
Meist sind die Konflikte nicht einseitig bestimmt, sondern eine bunte Mischung aus unterschiedlichen Konflikten.

Ein bewährter Mitarbeiter bekommt ein Alkoholproblem. Ein Vorgesetzter will ihn schnellstmöglich entlassen, da er ihn mit dem Wissen um dieses Problem eigentlich nicht mehr einsetzen kann. Der andere sieht sich verpflichtet, ihm Unterstützung anzubieten. Und nun ?

Er basiert auf der **unterschiedlichen Interpretation** von Lagen/Situationen.

In einem Fertigungsbetrieb werden Aufträge oft zu spät fertiggestellt. Um die gefertigten Teile pünktlich an den Kunden liefern zu können, gibt es eine Diskussion zwischen dem Betriebsrat und der Geschäftsleitung.

Der Betriebsrat fordert mehr Personaleinstellungen, die Geschäftsleitung dagegen möchte zusätzliche Personalkosten vermeiden und erwartet von den Mitarbeitern mehr Einsatzbereitschaft.

Siegfried Wüst – **Thema: KONFLIKTMANAGEMENT für Führungskräfte -**
Konflikte gilt es zu lösen, sonst wird es problematisch und oft auch teuer.

Ein guter Grundsatz ist:

„Gemeinsamkeiten finden und darauf aufbauen"

Bei der Konfliktdiagnose (schriftlich) gilt es vor allem **Realitäten** zu prüfen.
In der Konfliktdiagnose sind die richtigen **Fragestellungen** entscheidend:

1. Die **Streitpunkte** / Worum geht es wirklich?
2. Die **beteiligten Parteien** / Wer steht im Konflikt gegeneinander?
3. Die **sichtbare Form** / Wie äußert sich der Konflikt?
4. Der **Verlauf** / Wie hat sich der Konflikt entwickelt?
5. Das (bisherige) **Ergebnis** / Was hat der Konflikt (bisher) gebracht?

Lassen Sie uns mal ein realistisches Beispiel ansehen. Mit Ursachen und Wirkungen:

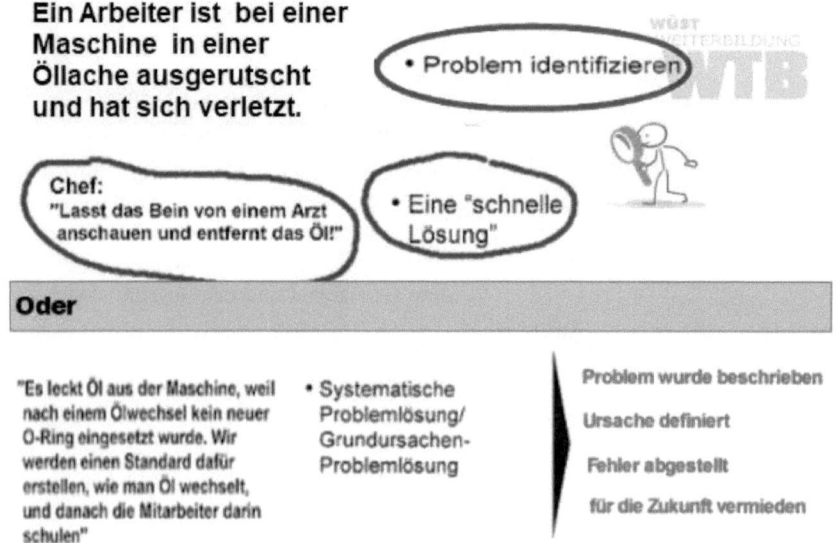

Quelle: S. Wüst - Schulung Konfliktmanagement

Siegfried Wüst – **Thema: KONFLIKTMANAGEMENT für Führungskräfte -**
Konflikte gilt es zu lösen, sonst wird es problematisch und oft auch teuer.

Lassen Sie uns Ursache/Wirkung, sowie Chance/Nutzen noch betrachten:

Quelle: S. Wüst - Schulung Konfliktmanagement

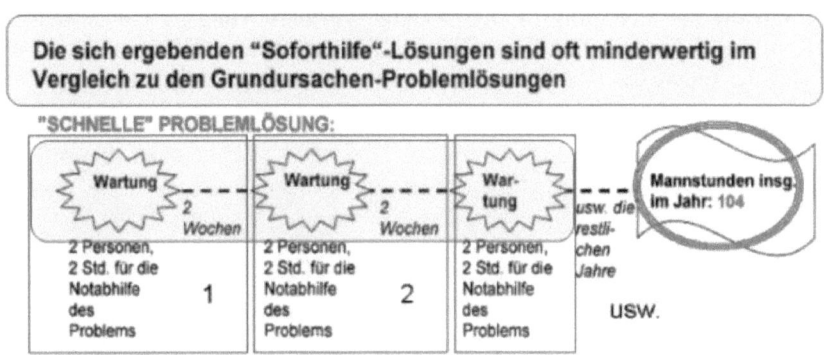

Hier ist zwar eine Lösung gefunden, jedoch eine Wiederkehr des Problems nicht
abgestellt. Somit entstehen in zeitlichen Abständen wiederkehrende Kosten.

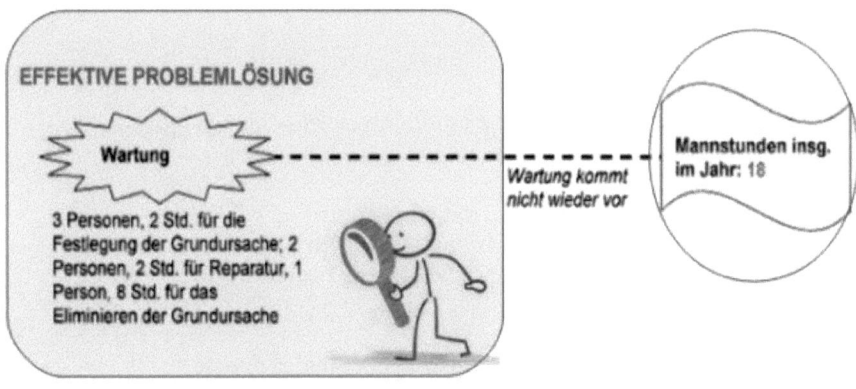

Hier ist nun auch noch Abhilfe geschaffen. Der momentane Einsatz ist ggf. größer,
jedoch auch sicherer. Die Beseitigung führt zu einer anhaltenden Lösung.

Das / ein Konfliktgespräch verläuft in Phasen:

Die erste Reaktionen ist meist Wut, Zorn und Ärger.

Die **Kontrolle der Erregung** ist eine wichtige **Voraussetzung** für die Bewältigung von Konflikten. Eine weitere Voraussetzung ist **Vertrauen.** Vertrauen darauf, dass sich auch der andere des Konfliktes bewusst ist und diesen überwinden möchte.

Vertrauen ist aber immer mit Risiko behaftet, da es missbraucht werden kann.

Konflikthandhabung

Erkennen des Konflikts durch die Konfliktparteien.
(Bewusstmachung der unterschiedlichen Sichtweisen)

Erkennen unterschiedlicher Einstellungen und Denkstrukturen.
(Wahrnehmung anderer Sichtweisen)

Aufbau von wechselseitigem Verständnis und Vertrauen.
(Kooperatives Problemlösen, Festlegen von Regelungen, auch für zukünftige Situationen , falls sinnvoll)

Konflikte sind vielschichtig / Beleidigen Sie niemals persönlich.

Selten gibt es nur einen Grund:
Konflikte bestehen mit/bei **Personen** mit **Meinungen,**
Sind immer von Standpunkten und Emotionen geprägt !
Es sollte keine Verlierer geben / WIN / WIN ist anzustreben

Antworten Sie konsequent:
Sagen Sie dem anderen nicht, „wie er" denken oder fühlen müsste,
nicht umerziehen wollen.

Bei persönlichen Beleidigungen sofort abbrechen und darauf hinweisen.

Wo / wie findet man Lösungen / Ideen für Problemfälle?

Quelle: S. Wüst - Schulung Konfliktmanagement

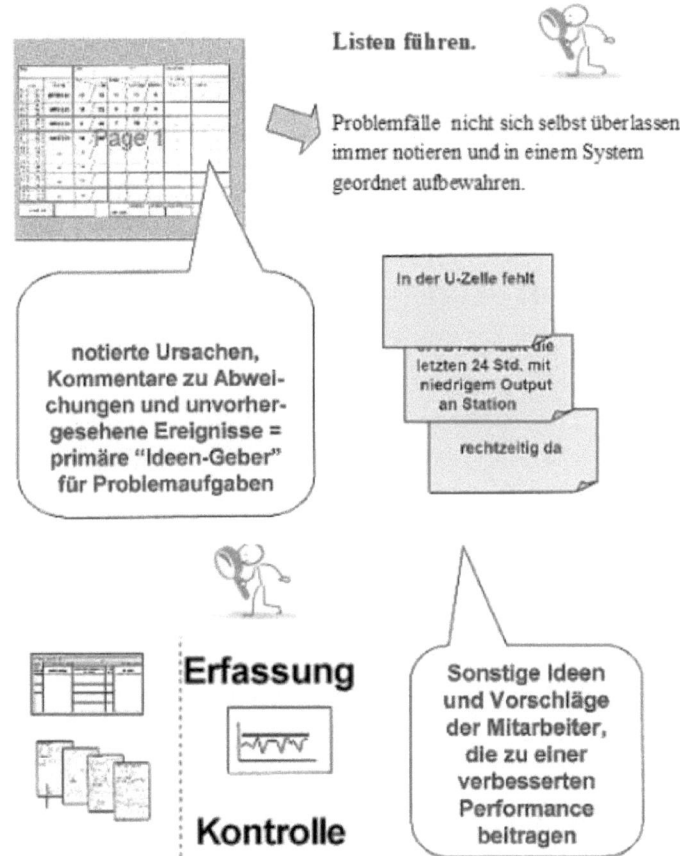

Problemfälle nicht sich selbst überlassen, immer **notieren** und in einem System geordnet aufbewahren.

Der Weg geht also über ...
Quelle: S. Wüst - Schulung Konfliktmanagement

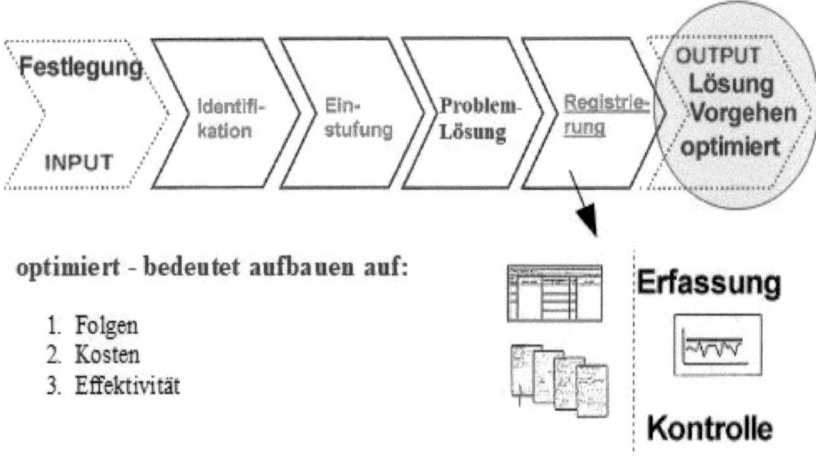

optimiert - bedeutet aufbauen auf:

1. Folgen
2. Kosten
3. Effektivität

Weiter anstehende Konflikte sind dann lösbar über :

Machteingriff

ist angezeigt,wenn vorher alle Konfliktregulationsverfahren fehlgeschlagen sind.

Mediation

Ein **Mediator** sorgt für einen Prozess der „Deeskalation" und ermöglicht......

Schiedsverfahren

Gerichtsurteile haben für die Konfliktparteien oft vorbeugende und nachhaltige

Wirkung. Vielleicht auch deshalb, weil in ihnen **für zukünftige oder ähnliche**

Konfliktfälle klare Verhaltensregeln zum Ausdruck kommen.

Das oft gewünschte persönliche Gespräch - mit FEEDBACK - hat diese ...

Konflikt-Eskalation und Konflikt-Deeskalation

Konflikt-Eskalation	Konflikt-Deeskalation
Du-Botschaften Einmischung Ignorieren – wegsehen	Ich-Botschaften Zuhören und Redezeit Interesse zeigen
Fehler und Mängel finden Verallgemeinern Personenfixiert	Anerkennen und Wertschätzen Spezifisch und konkret Fokus auf der Sache

„Musst Du eigentlich immer da-
zwischen reden? Du solltest in
einen Diskutier-Kurs gehen."

Du wirkt oft als

ANSCHULDIGUNG

Ich bin sauer, wenn ich
unterbrochen werde. Ich denke
dann, das ist nicht mal

Feedback wird in Form von Ich-Botschaften gegeben.
Ich-Botschaften haben einen hohen
Selbstoffenbarungsanteil.

Quelle: S. Wüst - Schulung Konfliktmanagement

So könnte ein praktisches Beispiel sein:

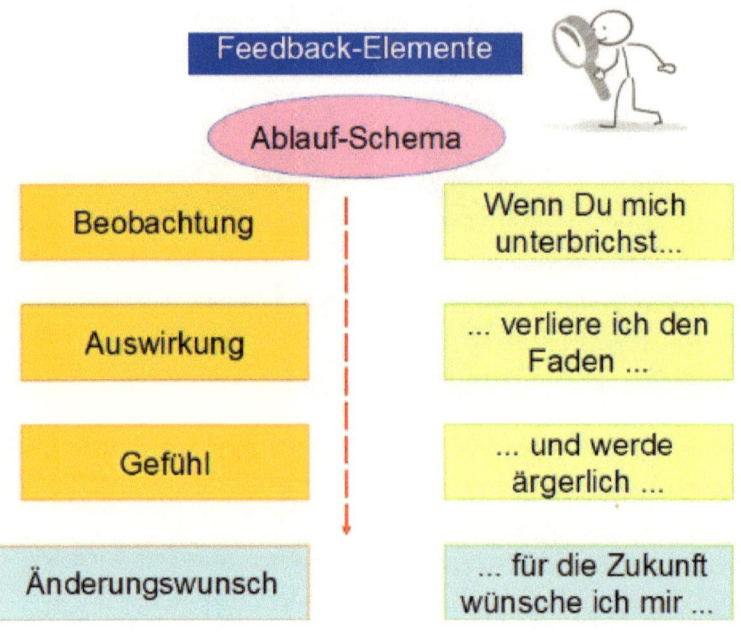

Quelle: S. Wüst - Schulung Konfliktmanagement

Dies ist ein sehr konstruktiver Weg, da man von sich ausgeht und keine Anschuldigung - über Du - formuliert. Ich-Botschaften haben, wie schon ausgeführt, einen hohen Selbstoffenbarungsanteil (4 Ohren Modell, Seite 23).

Siegfried Wüst – **Thema: KONFLIKTMANAGEMENT für Führungskräfte -**
Konflikte gilt es zu lösen, sonst wird es problematisch und oft auch teuer.

Wichtige Führungsfunktionen sind:

dazu braucht man folglich ...

Quelle: S. Wüst - Schulung Konfliktmanagement

Erkennen Sie Ähnlichkeiten? Wichtig ist immer ein klares, gezieltes und vor allem
nachvollziehbares Vorgehen. Es sind immer **Menschen beteiligt**, diese haben
Gedanken, Vorstellungen und Emotionen. Ja, sogar unterschiedliche „Zustände".

**Menschen haben verschiedene „ICH Zustände" – diese können sich
auch wandeln, dies ist ein wichtiger Aspekt bei Konflikten:**

Eltern - Ich (EL)

streng / fordernd / besser wissend
Beispiel: Man muss doch / Wie kann man nur ?

aber auch : gütig / tolerant / tröstend / beschützend
Beispiel : Beruhige Dich erst mal / Halb so schlimm / Und nun ?

Erwachsenen - Ich (ER)

Abwägend / Fragen stellend / Entscheidungen treffend
Beispiel: Was ist Ihre Meinung dazu ? / Finden Sie ?

sachlich bestimmt / Alternativen entwickelnd
Beispiel: Ja ich sehe das ein / Ich verstehe

Kindheits - Ich (Ki)

ängstlich / gehemmt / trotzig / zornig / neugierig / begeistert
Beispiel: Ich will / Nun gerade nicht

Kreativ / spontan / lustig / freudig / rebellisch / angepasst
Beispiel: Ich wünsche mir / Es ist nicht meine Schuld

Was meinen Sie / Welche ICH – FORM ist ?

A) Warum passiert immer mir so etwas ?

A)   = Kindheits- Ich, angepasst

B) Das geht auf keinen Fall ! Hätten sie das ...

B)   = Eltern Ich , streng

C) Das ist aber nun sehr ungünstig , weil .....

C)   = Erwachsenen Ich

Siegfried Wüst – **Thema: KONFLIKTMANAGEMENT für Führungskräfte -**
Konflikte gilt es zu lösen, sonst wird es problematisch und oft auch teuer.

Da man ja „KOMMUNIZIERT" entstehen Mischformen und Überschneidungen oder Parallele Formen. Was ist dann?

Parallele Transaktionen sind ohne Konflikt

Maria : *"Das ist unverantwortlich."*

Edit: *"Ja, und es stört!"*

Inge: *"Lächeln!"*
Anne:*"Ich bin hier nicht angestellt, um zu lächeln."*

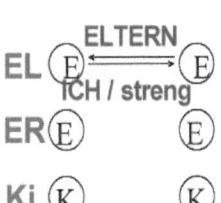

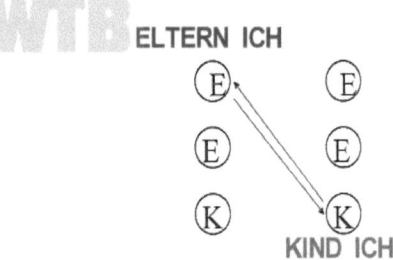

Gekreuzte Transaktionen beinhalten Konfliktpotential.

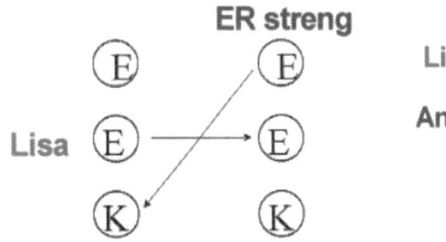

Lisa: *"Habt ihr mein Portemonnaie gesehen?"*
Anne: *"Solltest du nicht bald mal lernen, mehr Verantwortung zu übernehmen?"*

Quelle: S. Wüst - Schulung Konfliktmanagement

Erwachsenen-Ich an Erwachsenen-Ich als Frage. Die Antwort, also Reaktion springt nun von Eltern Ich gegen ein Kindheits-Ich.

Siegfried Wüst – **Thema: KONFLIKTMANAGEMENT für Führungskräfte -**
Konflikte gilt es zu lösen, sonst wird es problematisch und oft auch teuer.

Meine Behauptung war: Es sind immer Menschen beteiligt, diese haben Gedanken, Vorstellungen und Emotionen. Ja, sogar unterschiedliche „Zustände". Kann man das nun auch im realen Leben erkennen? JA !

Quelle: S. Wüst - Schulung Konfliktmanagement

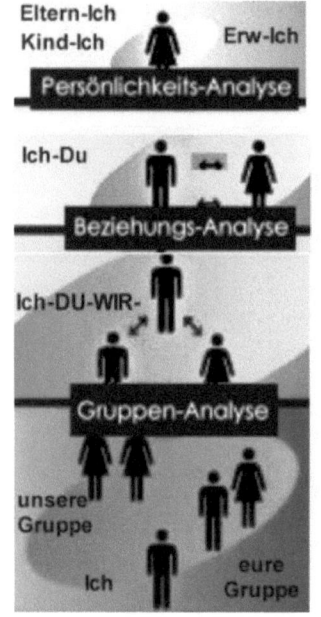

Wie ticke ich ?

Wie klappt es mit dem Anderen ?

Wie klappt es in / mit der Gruppe / Abteilung ?

Wie klappt es mit anderen Gruppen ?

Das sind die Fragen …

Möchten Sie mal Ihr EGOGRAMM testen?
Homepage   von   Patrick Wagner /
Egogramm Test - http://www.patrickwagner.de/Egogramm/Programm.htm

Siegfried Wüst – **Thema: KONFLIKTMANAGEMENT für Führungskräfte -**
Konflikte gilt es zu lösen, sonst wird es problematisch und oft auch teuer.

Nun können, sollten wir uns mal Gedanken machen über die Konflikte und was passieren kann?

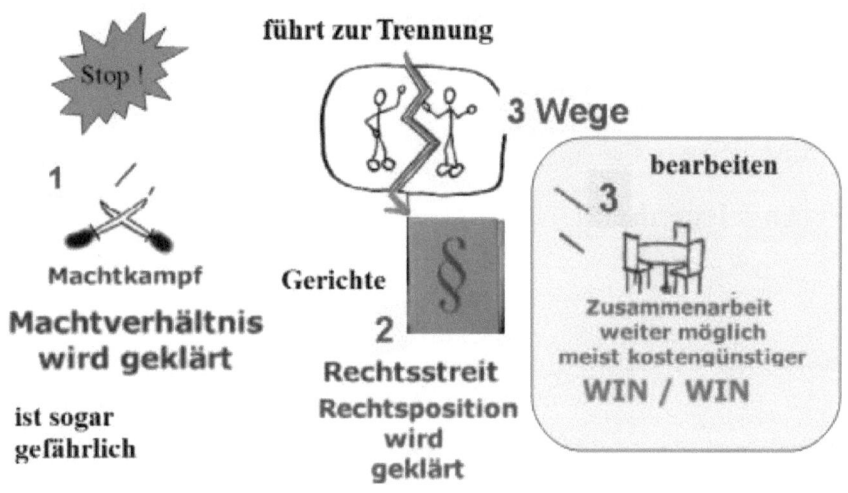

Quelle: S. Wüst - Schulung Konfliktmanagement

Die Version 1 ist gleich die Gefährlichste, da **Machtkämpfe** immer mit Verlierern und Gewinnern enden. Ob danach noch eine gute Zusammenarbeit möglich ist, habe ich bisher leider nicht erlebt..

Die Version 2 ist auch sehr problematisch, denn nun landet man oftmals sogar bei Gericht. Danach wird es ganz schwierig.

Die Version3 ist der **beste Weg,** denn hier kann man sich in „vernünftigem Ton" aussprechen, und zu einem Ergebnis gelangen, mit dem beide Seiten leben können. Ein weiterer Vorteil ist, man kann wieder miteinander arbeiten. Man sollte jedoch nicht nachtragend sein. Ein gelöster Konflikt ist vergangen und darf nicht ständig wieder aufgewärmt werden. **Ferner ist dieser Weg kostengünstiger.**

Siegfried Wüst – **Thema: KONFLIKTMANAGEMENT für Führungskräfte -**
Konflikte gilt es zu lösen, sonst wird es problematisch und oft auch teuer.

Quelle: S. Wüst - Schulung Konfliktmanagement

Menschen sind verschieden – jedoch die Körpersprache lügt nicht !

Siegfried Wüst – **Thema: KONFLIKTMANAGEMENT für Führungskräfte -**
Konflikte gilt es zu lösen, sonst wird es problematisch und oft auch teuer.

Um vernünftige Ergebnisse zu erzielen muss man Interessen und nicht die Positionen in Einklang bringen. Meine Empfehlung: Auch hier, wie in einem Brainstorming - auf Beurteilungen verzichten.

Daher gilt es am **Beginn mit einer Konfliktdiagnose** (unbedingt schriftlich) zu starten. In der Konfliktdiagnose sind die richtigen Fragestellungen entscheidend für die gute Bearbeitung eines Konflikts.

1. Die Streitpunkte/ Worum geht es wirklich ?
2. Die beteiligten Parteien / Wer steht im Konflikt gegeneinander ?
3. Die sichtbare Form / Wie äußert sich der Konflikt ?
4. Der Verlauf / Wie hat sich der Konflikt entwickelt ?
5. Das (bisherige) Ergebnis / Was hat der Konflikt (bisher) gebracht ?

Quelle: S. Wüst - Schulung Konfliktmanagement

Siegfried Wüst – **Thema: KONFLIKTMANAGEMENT für Führungskräfte -**
Konflikte gilt es zu lösen, sonst wird es problematisch und oft auch teuer.

Quelle: S. Wüst - Schulung Konfliktmanagement

Konflikte bearbeiten / nicht eskalieren lassen

Erinnern sie sich zuerst an die Entstehung des Konfliktes:

Was ist der Grund für den Konflikt?

Suchen Sie nach anderen/ neuen Perspektiven :

Überlegen Sie doch einmal, wie Sie aus der Sicht des Gegenübers
handeln würden.

Bleiben Sie höflich :

Denken Sie daran, dass schon **eine** Beleidigung die Konfliktlösung
verhindern kann.

Nehmen Sie Ihren Konfliktgegner ernst

(Respekt / meine Insel deine Insel)   Konfliktgegner, **als Person**
respektieren und achten.

Das ist ein ganz wichtiger
GRUNDSATZ.

Verschieben und
aufschieben führt zu
weiteren Problemen und
es wird teurer.

Bleiben Sie sachlich :

schnell **rutschen die Konfliktparteien in das Persönliche ab**

kann es leicht passieren, dass auch nicht betroffene Teammitglieder in den Konflikt
hineingezogen werden.

Verringern Sie die Streitpunkte :

Bleiben Sie bei Konflikten beim Thema und starten sie keinen Rundumschlag

Realitäten sind prüfbar.

Suchen Sie Gemeinsamkeiten :

Suche Sie nach Punkten, bei denen Sie mit Ihrem Gegenüber **übereinstimmen**.
Das ist er erste Schritt zu eine Lösung.

Nehmen Sie Hilfe an :

lassen sich von **Kollegen** oder **Vorgesetzten** bei der Lösung helfen. In einigen
Fällen kann es auch nützlich sein einen **Moderator** oder professionellen **Mediator**
hinzuzuziehen. Bevor es zu einem **Rechtsstreit** kommt sollte eine andere Lösung
angestrebt werden.

Nach der Lösung nicht nachtragend sein :

Wenn eine Vereinbarung getroffen wurde, so ist damit der Fall erledigt!

WIN / WIN
Möglichkeiten?

Hilfen nur wenn sinnvoll?
Von WEM?
Wann?

Siegfried Wüst – **Thema: KONFLIKTMANAGEMENT für Führungskräfte -**
Konflikte gilt es zu lösen, sonst wird es problematisch und oft auch teuer.

Quelle: S. Wüst - Schulung Konfliktmanagement

Empfehlung: Konfliktgespräch in Schritten 1

Realitäten sind prüfbar.

* Benennung der Störung oder des Problems
* Jede Person benennt in der ICH Form das Problem
* Herausfinden der Hintergrundbedürfnisse
* Einer berichtet der Andere hört nur zu (aktiv zuhören)
* Das Problem / die Störung wird umformuliert in einen Wunsch wie es ....
* Nimmt Emotionen weg, da Beide sagen was sie eigentlich wollen
* Mögliche Lösungen werden gemeinsam gesammelt (Zusammenarbeit)
* Wichtig ist nicht diskutieren nur sammeln

Empfehlung: Konfliktgespräch in Schritten 2

* Die Vorschläge werden geprüft (ggfls. bewertet / Nutzwertanalyse)
* Jetzt erst wird das Für und Wider abgewogen. Einwände zugelassen.
* Einigung auf die bestmögliche, gemeinsame Lösung (WIN / WIN)
* Beide Partner (Gruppen) sollten damit leben können.
* Nun können die Lösungen schriftlich ausgearbeitet werden
* Diese Zielvereinbarung erfolgt nun schriftlich und mit Protokoll
* Zu einem späteren Zeitpunkt den Erfolg überprüfen
* Ist es noch nicht erfolgreich, so muss angepasst werden

Abwägen:
Chancen und Nutzen.
Risiken bewerten.

Argumentation beim Kompromiss

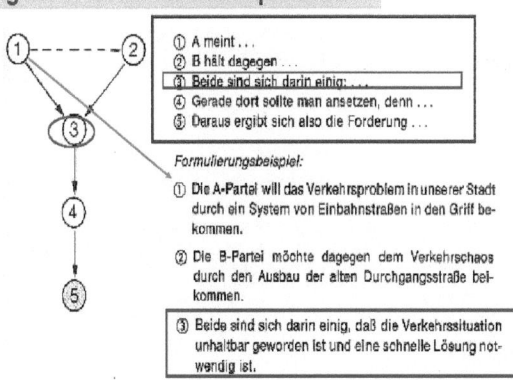

Also der Ablauf war :

Mit Fragetechnik ...

Wieso, nicht
Warum fragen.

Wieso geht nach VORNE.

Warum geht in die
Vergangenheit.

Siegfried Wüst – **Thema: KONFLIKTMANAGEMENT für Führungskräfte -**
Konflikte gilt es zu lösen, sonst wird es problematisch und oft auch teuer.

Quelle: S. Wüst - Schulung Konfliktmanagement

① A meint . . .
② B hält dagegen . . .
③ Beide sind sich darin einig: . . .
④ Gerade dort sollte man ansetzen, denn . . .
⑤ Daraus ergibt sich also die Forderung . . .

4) Von dieser Übereinstimmung ausgehend, kommt man schnell zu der Einsicht, dass wir den Durchgangsverkehr ganz aus unserer Stadt herausnehmen müssen.

5) Bedenken wir diesen Gesichtspunkt, müssten wir uns also alle einig sein. „Unsere Stand braucht eine Umgehungsstraße."

Was ist Mobbing?
Der Begriff Mobbing ist aus dem englischen Begriff "to mob" abgeleitet und bedeutet jemanden "angreifen", "bedrängen".

Mobbing zu definieren, ist nicht einfach, da Menschen sehr unterschiedlich auf Bedingungen im Betrieb und Unternehmen reagieren.

EINE SCHLIMME SACHE :

MOBBING AM ARBEITSPLATZ !

so nicht

Quelle: S. Wüst - Schulung Konfliktmanagement

Siegfried Wüst – **Thema: KONFLIKTMANAGEMENT für Führungskräfte -**
Konflikte gilt es zu lösen, sonst wird es problematisch und oft auch teuer.

Beispiel einer Situation:

„Mir geht es nicht besonders, ich war gerade in der Uniklinik. Man hat eine schwere Nierenbeckenentzündung festgestellt." (Ihr ist etwas an die Nieren gegangen, schießt es mir durch den Kopf).

Oder :

„Sag mal, wie kommst du denn dort zurecht, auf der Kinderstation? Ach, mit meinen kleinen Patienten ganz prima, aber die Stationsschwester ist eine Katastrophe, wenn ich bloß wüsste, was sie gegen mich hat!" Und die Kolleginnen? „ Kannst du vergessen!"...........Ist Mobbing da ein Thema?

Laut Mobbingbericht der Bundesregierung (2002) ist Mobbing, "wenn eine Person am Arbeitsplatz häufig und über einen längeren Zeitraum schikaniert, drangsaliert oder halt benachteiligt und ausgegrenzt wird".

Weil heute alle über Mobbing reden, wird der Begriff leider immer häufigerer verwässert oder gar missbraucht. Ein Streit zwischen Kolleginnen und Kollegen, eine nicht verständliche Anweisung vom Chef, eines Vorgesetzten oder eine unverständliche Bemerkung wird oft sofort als Mobbing bezeichnet.

Juristisch gesehen ist Mobbing kein eigenständiger Tatbestand, sondern eine Verletzung der Persönlichkeitsrechte des Arbeitnehmers.

Ob ein Fall von „Mobbing" vorliegt, hängt von den Umständen des Einzelfalles ab. Ist also auch eine Sache der eigenen Sichtweise. Kolleginnen und Kollegen, die mutig auftreten und ihre Meinung sagen, werden selten gemobbt.

Mobbing trifft daher oft die vermeintlich Schwachen.

Quelle: S. Wüst - Schulung Konfliktmanagement

Experten schätzen, dass etwa 20 % der jährlichen Selbstmordfälle durch Mobbing ausgelöst werden.

Nicht alles ist jedoch echtes Mobbing

Eine Belästigung, ein Schikanieren, ein Ausgegrenzt werden, eine Beleidigung oder ein Nichtinfomieren allein ist noch kein Mobbing.

Einmalige Belastungen, normale Konflikte zwischen gleich starken Parteien oder Gruppen sind kein Mobbing.

Nur wenn die aufgezählten belastenden Verhaltensweisen über längere Zeit (mindestens sechs Monate lang) häufig und wiederholt auftreten, ist Mobbing im Spiel.

Quelle: S. Wüst - Schulung Konfliktmanagement

Quelle: S. Wüst - Schulung Konfliktmanagement

Phasen des Mobbing

Am Anfang steht meistens ein schlecht verarbeiteter Konflikt. Die Bereitschaft zu offener Kommunikation bricht beidseitig ab.

In der sich anschließenden Mobbingphase tritt der ursprüngliche Konflikt in den Hintergrund. Die Angriffe auf das Opfer werden massiver und persönlicher. Durch diesen schikanösen Psychoterror am Arbeitsplatz verschlechtert sich häufig die psychische und körperliche Verfassung des Opfers.

In der letzten Phase kommt es für etwa fünf bis zehn Prozent der Betroffenen zum Verlust des Arbeitsplatzes.

Was kann gegen Mobbing getan werden?

➢ Entwicklung eines **Kooperativen Führungsstils** .

➢ Schaffung **innerbetrieblicher Anlauf- / Beratungsstellen.**

➢ Entwicklung einer **Konfliktkultur** auf allen Hierarchieebenen. .

➢ Manchmal hilft auch eine andere Einstellung

➢ Wenn man nicht alles gleich „als Mobbing"sieht

➢ Wenn man die „Mobber" einfach auch einmal so betrachtet ,wie Manche einfach sind :

   Sie reden einfach „DUMM DAHER" , ohne sich weitergehende Gedanken zu machen

➢ Manche machen sich mit einem Spruch auch nur mal „WICHTIG oder INTERESSANT"

Siegfried Wüst – **Thema: KONFLIKTMANAGEMENT für Führungskräfte -**
Konflikte gilt es zu lösen, sonst wird es problematisch und oft auch teuer.

Quelle: S. Wüst - Schulung Konfliktmanagement

Wer sich beim Vorgesetzten, beim Arbeitgeber oder beim
Betriebsrat/Personalrat über "Mobbing" **beschwert,** muss damit rechnen,
in die "falsche Schublade" gesteckt zu werden.

Auch dann, wenn der Vorwurf des Mobbing ernst genommen wird,
kommt es letztlich auf die konkreten Schikanen an, denen man
ausgesetzt ist.

Sind diese Schikanen gravierend, kann man vom Arbeitgeber Abhilfe
verlangen, **sind sie nicht gravierend, muss man sich irgendwie
arrangieren.**

Präventionsmöglichkeiten:

1. Beanstandungen ernst nehmen !
2. Beanstandungen überprüfen / Realität ist prüfbar !
3. Klärungsgespräche führen / mit beiden Seiten
4. Strukturelle oder organisatorische Veränderungen ?

Das Wichtigste: Konflikte ansprechen nicht unter den Tisch kehren oder
übersehen. Jeder normale Streit muss nach mindestens drei Wochen erledigt sein.
Die betreffende Person so rasch als möglich ruhig und anständig unter vier Augen
ansprechen. Ein **Frühwarnsystem** entwickeln.

Siegfried Wüst – **Thema: KONFLIKTMANAGEMENT für Führungskräfte -**
Konflikte gilt es zu lösen, sonst wird es problematisch und oft auch teuer.

Quelle: S. Wüst - Schulung Konfliktmanagement

Ihr betrieblicher Nutzen soll sein :

Konflikte und Widerstände **kosten** Unternehmen häufig viel Energie. Der **Verlust von Motivation** und **Leistungsfähigkeit** der Führungskräfte und Mitarbeiter sind oft Folge ungelöster Konflikte. Die **Qualität der Arbeitsergebnisse** wird dadurch negativ beeinträchtigt.

Nutzen Sie diese Information um **eine respektvolle, mutige Konfliktkultur zu etablieren,** dass **gute „Entscheidungen" getroffen werden** – mit denen **beide Seiten** leben können; sogenannte **WIN / WIN – Lösungen.**

Mit einer verbindlichen Vereinbarung kann der Konflikt auf zwischenmenschlicher Ebene als bewältigt bezeichnet werden.

WIN   WIN

und
nun
wieder
gemeinsam
weiter

Zusammenfassung und Überblick.

Gedanken werden wahr.

Es liegt vieles an uns selbst. Unser **Denken** und unsere inneren **Einstellungen** entscheiden darüber, wie wir uns fühlen. Sobald Sie diese Tatsache akzeptieren, haben sie den ersten Schritt getan. Der Geist sagt uns, Gefühle sind immer wahr. Hier liegt ein weiteres Problem. Jedoch, nur die **Realität ist prüfbar. Diese Erkenntnis ist in einem arabischen Sprichwort gut formuliert:** *„Nimm es als Vergnügen, und es ist ein Vergnügen. Nimm es als Qual, und es ist eine Qual."*

Gedanken sind beeinflussbar.

Wer sich **ärgerliche Gedanken** macht, wird Zorn in sich aufsteigen fühlen. Wer sich **liebevolle Gedanken** macht, hat ein warmes, gutes Gefühl. Wer sich **zuversichtliche Gedanken** macht, blickt hoffnungsvoll in die Zukunft.

Negative Gedanken sind mächtig!

Viele Menschen blockieren sich selbst durch negative Gedanken. Sie haben eine überwiegend negative Grundeinstellung, sind mit sich selbst unzufrieden und haben somit auch nur selten im Leben Erfolg. Sie führen einen **negativen inneren Dialog** und sagen sich immer wieder: „Das schaffst du ja nie."

Positive Grundeinstellung.

Menschen mit „einer überwiegend positiven" Grundeinstellung fällt dagegen vieles nicht nur leichter, sie sind auch selbstbewusster und letztlich erfolgreicher. Somit ist es besser, die eigenen negativen Gedanken durch Positive zu ersetzen. **Gehen Sie positiv an eine Aufgabe heran. Oder zumindest offen:** *„Das ist aber spannend"* *Sagen Sie sich ruhig: „Ich bin sicher, dass ich es schaffe."*

Konflikte sind normal. Konflikte gibt es (fast) überall. Deshalb kann es nicht das Ziel sein, Konflikte grundsätzlich zu vermeiden. Wichtig ist es, **mit Konflikten konstruktiv umzugehen.** Konflikte können ganz unterschiedliche, Auswirkungen und Begleiterscheinungen haben. Dies sind: Demotivation und Leistungsabfall (siehe hierzu auch „Gallup Studien") Verschlechterung des Arbeitsklimas Mobbing, Aggressivität, Intrigen / und daraus Vereinzelung und Isolation.

Siegfried Wüst – **Thema: KONFLIKTMANAGEMENT für Führungskräfte -**
Konflikte gilt es zu lösen, sonst wird es problematisch und oft auch teuer.

Erkennen Sie den Konflikt / Konflikte erkennt man an folgenden Signalen:
Die Beeinträchtigung einer Partei wird als Behinderung oder Blockade erlebt.
Parteien sind voneinander abhängig und gezwungen miteinander zu kommunizieren
Eine Partei macht die jeweils andere für die scheinbar unlösbare Situation
verantwortlich.

Erinnern sie sich an die Entstehung des Konfliktes:
Was ist der Grund für den Konflikt? Welche Situation hat den Konflikt ausgelöst?

Suchen Sie nach anderen/ neuen Perspektiven :
Bevor Sie mit Ihrem Konfliktgegner reden, versetzen Sie sich in seine Lage. Viele
Konflikte eskalieren, weil man den Anderen in die Schublade des "Bösen" steckt,
während man sich selbst als "Guten" sieht. Überlegen Sie doch einmal, wie Sie aus
der Sicht des Gegenübers handeln würden.

Bleiben Sie höflich :
Je mehr Emotionen den Konflikt bestimmen, umso schwerer wird es, eine Lösung zu
finden. Denken Sie daran, dass eventuell schon eine einzige Beleidigung die
Konfliktlösung zum Stillstand bringen kann.

Nehmen Sie Ihren Konfliktgegner ernst (Respekt / meine Insel deine Insel) :
Die Fronten verhärten sich, wenn man das Gefühl hat nicht ernst genommen zu
werden. Machen Sie Ihrem Konfliktgegner deutlich, dass Sie ihn als Person
respektieren und achten.

Seien Sie offen :
Um nicht verwundbar zu wirken zeigen sich viele in Konflikten desinteressiert an der
Lösung. Dieser Schuss kann aber nach hinten losgehen. Schon bald können Sie sich
in Widersprüche verwickeln, welche
die Lösung noch schwerer machen.

Bleiben Sie sachlich :
Je größer der Konflikt ist , um so schneller rutschen die Konfliktparteien in das
Persönliche ab und je mehr versuchen die Konfliktparteien Andere für sich zu
gewinnen. So kann es leicht passieren, dass auch nicht betroffene Teammitglieder in
den Konflikt hineingezogen werden.

Verringern Sie die Streitpunkte :
Bleiben Sie bei Konflikten beim Thema und starten sie keinen Rundumschlag : "Was
ich schon immer sagen wollte…". Denn allzu leicht wird dann alles auf den Tisch
gelegt, was uns an dem Anderen nicht passt. Statt das der Konflikt gelöst wird,
kommen immer mehr Konfliktpunkte ins Spiel.

Siegfried Wüst – **Thema: KONFLIKTMANAGEMENT für Führungskräfte -**
Konflikte gilt es zu lösen, sonst wird es problematisch und oft auch teuer.

Suchen Sie Gemeinsamkeiten :
Suche Sie nach Punkten, bei denen Sie mit Ihrem Gegenüber übereinstimmen. Das ist
er erste Schritt zu eine Lösung. Dadurch gewinnt man gegenseitiges Vertrauen und
baut eine Brücke für die Konfliktlösung.

Nehmen Sie Hilfe an :
Wenn Sie merken, dass die Situation verfahren ist und Sie aus eigener Kraft keine
Lösung finden, dann schalten Sie einen „Schiedsrichter" ein oder lassen sich von
Kollegen oder Vorgesetzten bei der Lösung helfen. In einigen Fällen kann es auch
nützlich sein einen Moderator oder professionellen Mediator hinzuzuziehen. Bevor es
zu einem Rechtsstreit kommt sollte eine andere Lösung angestrebt werden.

Nach der Lösung nicht nachtragend sein :
Wenn eine Vereinbarung getroffen wurde, so ist damit der Fall erledigt. Nicht
nachtragend sein.

Witzig und zum Nachdenken :

Siegfried Wüst – **Thema: KONFLIKTMANAGEMENT für Führungskräfte -**
Konflikte gilt es zu lösen, sonst wird es problematisch und oft auch teuer.

Quelle: S. Wüst - Schulung Konfliktmanagement

Leistungsträger im Unternehmen zu halten und Talente zu fördern, bedeutet auch ein Stück an Investitionen in kontinuierliche Maßnahmen zur Mitarbeiterbindung und Personalentwicklung. Das Betriebsklima - also Konfliktbearbeitung - ist sehr wichtig.

Daher sind BEACHTBAR :

Konflikte und Widerstände kosten Energie und Geld.
Konflikte gilt es zu erkennen und zu bearbeiten.
Konflikte nicht eskalieren lassen.
Konflikte sind auch Chancen.
Konflikte sind unterschiedlich.
Konflikte zerstören Zusammenarbeit.
Konflikte erfordern respektvollen Umgang.
Konflikte sind nach Beendigung erledigt.

SIGNALE :

- Schlechte Teamstimmung
- Aggressiver Kommunikationsstil.
- Verhärtete Diskussion.
- Kellerphrasen, Schlagworte unter der Gürtellinie.
- Themen zerreden.
- Keine Kompromissbereitschaft.
- Sich zurückziehen.
- Weigerung, Aufgaben zu übernehmen – Verweis auf andere.
- Häufige Abwesenheiten.
- Unaufmerksamkeit, Passivität, Vermeidung von Augenkontakt.
- Flucht in andere Arbeiten außerhalb des Projektes.
- Heimliche Blockaden.
- Aussagen und Handeln klaffen auseinander.
- Nicht eingehaltene Vereinbarungen.
- Unpünktlichkeit.

Wichtig ist es, mit Konflikten konstruktiv umzugehen. Günstig ist auch, **nicht selbst TEIL DES KONFLIKTES** zu sein / werden. Denken Sie bitte auch daran, Konflikte haben unterschiedliche **Auswirkungen** und **Begleiterscheinungen. Unerledigte Konflikte werden i.d.R. teuer.**

Diese sind:

Verschlechterung des **Arbeitsklimas.**
Demotivation und **Leistungsabfall.**
Mobbing, Aggressivität, Intrigen
und daraus **Vereinzelung** und **Isolation.**

Wer Gewinnstreben und **Zukunftsfähigkeit** verbinden kann wird siegen.

In meinen Führungskräfte Handbüchern Teil I bis III habe ich **zahlreiche Beispiele aufgeführt.** GRIN Verlag https://www.grin.com/user/1862381.

Diese **Schriftreihe** beschäftigt sich mit der Führung und der Ausgestaltung von Geschäftsbeziehungen und stellt dabei die Menschen in den Vordergrund.

„Unternehmen müssen wieder in/mit Kompetenzen und Mitarbeiterqualität handeln. Hierbei will ich über Verständnis und nachvollziehbare Praxis helfen. Kriterien wie: „Kunden sind das Kapital und Mitarbeiter das Eigenkapital" müssen gelebt werden." (SW)

Siegfried Wüst – **Thema: KONFLIKTMANAGEMENT für Führungskräfte -**
Konflikte gilt es zu lösen, sonst wird es problematisch und oft auch teuer.

Quelle: S. Wüst - Schulung Konfliktmanagement

Führungskräfte sind **LEITBILDER** und

dürfen nicht zu REIZFIGUREN werden !

Leitbilder gilt es zu leben

Leitbilder , **positive** - sichern den **Erfolg** einer Organisation

Leitbilder können verändert werden

führen – fordern – fördern – aber vor allem
KOMMUNIZIEREN – schafft Vertrauen

Herr A: „Frau B, haben sie noch einen Notizblock?"

Frau B: „Können sie sich nicht einmal ihren eigenen Block holen?
Sie sehen doch, dass ich beschäftigt bin."

In der beschriebenen Situation lag die Betonung durch Herrn A sicherlich
vorwiegend auf dem **Sachaspekt** des gesagten. Er wollte die reine
Sachinformation. Frau B hingegen vernahm die Frage vorwiegend auf dem
„**Beziehungsohr**" und dem „Appellohr".

Konflikte aufgrund von Missverständnissen ?

Erinnern Sie sich auch die Form des Ich Zustandes:

Kurze Zusammenfassung

Zuhören,hinsehen,fragen

Sichtweise ist wichtig

Realitäten, keine Meinungen,Gedanken..

Respekt ist wichtig,Meine/Deine Insel

Achten auf den Ich Zustand

ER - Erwachsenen Ich

EL - Eltern Ich

K - Kindheit Ich

Angepasst reagieren - parallel zu

Kreuzung – erzeugt Konflikt

Konfliktart beachten

Konflikte individuell behandeln

Sachinformation/Beziehungen trennen

WIN / WIN anstreben

Nicht nachtragend sein

Verhandlungen vorbereiten

auch wichtige Telefonate

Stolz auf die Organisation sein

gemeinsamen ERFOLG ermöglichen

Führen – Leiten – Fördern

Positiv denken und es einfach anders angehen:

Der Vielleicht-Gedanke: Gewöhnen Sie sich folgenden Satz an: „Vielleicht hast du Recht." Damit haben Sie noch nicht zugegeben, im Unrecht zu sein. Aber Sie haben die Kommunikation eröffnet und sind selbst offener geworden für mögliche neue Informationen.

In den Schuhen des anderen laufen: Wenn Sie sich über einen anderen Menschen ärgern, aber zur Untätigkeit verdammt sind, nutzen Sie die Zeit für ein Gedankenexperiment: Stellen Sie sich vor, Sie wären er. Der Lerneffekt kann überraschend sein.

Kritiker einladen: Nehmen Sie sich vor, folgenden Satz mindestens 5-mal pro Tag zu äußern: „Bitte sagen Sie mir, worin ich falsch liege." Versuchen Sie es, und erleben Sie die transformierende Kraft der Kritik.

Siegfried Wüst – **Thema: KONFLIKTMANAGEMENT für Führungskräfte -**
Konflikte gilt es zu lösen, sonst wird es problematisch und oft auch teuer.

Wirtschaft

Siegfried Wüst   ISBN (eBook)   9783668793132

Führung in einer veränderten
Geschäftswelt. Spitzenleistung mit
Augenmaß - Menschen ermöglichen Erfolge

Diese Schriftreihe beschäftigt sich mit der Führung und der
Ausgestaltung von Geschäftsbeziehungen und stellt dabei
die Menschen in den Vordergrund. Wer Gewinnstreben und
Zukunftsfähigkeit verbinden kann wird siegen.

*Unternehmen müssen wieder in/mit Kompetenzen und
Mitarbeiterqualität handeln. Hierbei will ich über
Verständnis und nachvollziehbarer Praxis helfen.*

*Kriterien wie: „Kunden sind das Kapital – Mitarbeiter das
Eigenkapital" müssen gelebt werden. Die Schriftreihe ist
praxisorientiert und gibt direkte Hilfestellungen über
Verständnis.*

GRIN Verlag
https://www.grin.com/user/1862381.

Diese Schriftreihe ist
praxisorientiert und gibt direkte
Hilfestellungen über Verständnis.
Sie hat nicht zu viel Theorie und
legt Zusammenhänge
verständlich dar.

Sie geht von der Bedeutung der
guten Führung und der
Wichtigkeit der Mitarbeiter
aus.

Die Welt hält nicht an und wartet auf uns.

Wir müssen handeln.

**Das Leben ist nur zu 10 %, was man daraus macht,
aber zu 90 % wie man es lebt / erlebt und annimmt.**

Ihr Erfolg wird von Ihnen bestimmt ! Also......

Siegfried Wüst – **Thema: KONFLIKTMANAGEMENT für Führungskräfte -**
Konflikte gilt es zu lösen, sonst wird es problematisch und oft auch teuer.

Quelle: S. Wüst - Schulung Konfliktmanagement

Tun Sie es !
Der Rest passiert ! **Viel Erfolg !**

Dort, wo alle sind, ist nur durch BESONDERES etwas zu gewinnen.

Das Extra von heute ist der Standard von morgen.

Wissen und Engagement sind gefragt

Mit Mut und Leidenschaft zum Erfolg –

jenseits vom Mittelmaß - Erfolg erfordert WOLLEN

Nur Mut ! Ab 51 % beginnt Erfolg !

Das Leben ist SPANNEND !

BEI GRIN MACHT SICH IHR WISSEN BEZAHLT

- Wir veröffentlichen Ihre Hausarbeit,
  Bachelor- und Masterarbeit

- Ihr eigenes eBook und Buch -
  weltweit in allen wichtigen Shops

- Verdienen Sie an jedem Verkauf

Jetzt bei www.GRIN.com hochladen und kostenlos publizieren